COSMIC
GARDEN
Forerunner

The Portal to Cosmic Consciousness

關於宇宙花園

宇宙花園譯介具先驅和啓發性的深刻著作，
服務你的心和靈魂，是宇宙花園存在的最重要目的。

園丁是這麼想的：我們都是永生不滅的靈魂，
既然來到地球，就最好要了解，或者該說記得這個三度空間的遊戲規則。
所以你會發現，宇宙花園的書裡所傳遞的訊息，大都與宇宙法則有關。
每本書也都懷著這麼一個希望：
在你迷惘困惑時，帶來啓發；在你受挫疼痛時，帶來溫暖；
在你需要指引時，幫助你聽見內心的聲音。

每個人只要向內尋找，都會找到答案。
但人性是健忘的，所以我們經常需要些提醒。
人性也是脆弱的，所以我們需要彼此扶持。

然而，不論是撫慰受苦的心靈、挑戰心智的思考，或擴展內在的意識，
宇宙花園都只是介面，眞正重要的，是你。

to inform, empower and inspire readers
啓發讀者思考，幫助讀者發現他內在本有的神聖力量與光芒，
這是宇宙花園的自我期許。

不論什麼原因把你帶到了這裡，你會看到這些文字都不是偶然。
你的心裡一定有一塊非塵世的淨土，有個種子正在萌芽，
也許，它早已開出新葉，或正含苞待放。
那麼，你內心一定知道，我們都具有創造的力量。
每個人每一刻的言行思想，不單影響自身的頻率，也微妙地影響了集體意識。
因此，透過多一點的善念，多一點的愛、正面思考、勇氣與正直，
我們可以幫助周遭的環境，幫助這個世界變得更好，進而提昇人類意識和地球頻率。

地球很小，但宇宙很大；軀體有限，但心靈無限。
要記得，有那麼一個地方，它超越了物質世界和時空的限制，
在那裡，我們都是開心和自由的。

地球行的挑戰之一，就是如何在沉重的氛圍裡，
讓我們的心依舊保持輕盈、喜悅和正面。
希望你在宇宙花園找到一處身心安適的角落，
讓你無限的心與靈魂，綻放燦爛的光芒。

迴旋宇宙 3（上）

生命形態的多樣性

THE CONVOLUTED UNIVERSE

Book Three

意識覺醒的旅程，持續中……

劃時代的先驅催眠師《地球守護者》、《監護人》、《生死之間》作者

Dolores Cannon（朵洛莉絲·侃南）著

法藍西斯／梅希爾 譯

園丁的話

眞的是旋繞了好一段時間。《迴旋宇宙3》上集終於迴旋到眼前。《迴旋宇宙2》之後，出版了《探尋神聖知識的旅程》，探尋者不多，出版的步調似乎可以放得更慢，給讀者更多時間思考和吸收作者先前書籍的內容，也讓這本書調整到理想的狀態。

一如往例，作者會在書中陳述她獨特催眠法的內涵，我覺得這是很好的提醒，如果我們知道人類有多健忘的話。我也想在此說幾件事。

宇宙花園因譯介出版朵洛莉絲．侃南的著作而與這位催眠先驅結緣。有些讀者看了書，除了驚嘆於內容，也對作者的催眠法感到好奇，想要嘗試並得到某些答案。由於不少人是自行上網搜尋，而曾經有所謂的「身心靈工作者」從未學過QHHT卻冒用QHHT之名，爲免再有人受騙，宇宙花園提醒過讀者留意，也歡迎讀者詢問。而這邊的做法向來是提供名單，由讀者自行選擇並聯繫。

宇宙花園主動這麼做，是爲保護讀者。畢竟最初譯介出版了朵洛莉絲．侃南的《地球守護者》，以及後續的《三波志願者與新地球》和《迴旋宇宙》等書，中文世界的讀者因此認識這位作者，有些並想透過她的獨特催眠法與SC（高我）連結，這些都是當時譯介《地球守護者》時完全沒預期的事。

當讀者看了朵洛莉絲．侃南的著作並透過宇宙花園找到了認爲可以信任的，能夠執行量子療癒催眠法（有人簡稱量子催眠）的操作者時，操作者雖是獨立個體，但在某層面上也代表了QHHT整體，因爲初次接觸的人，不免會認爲那位操作者的方式就是QHHT的方式（不論所做是否正確和符合教導）。而在某程度上，那位操作者的個人行爲也很可能會影響宇宙花園。畢竟，有些人是向宇宙花園詢問。

由於曾發生過某操作者違反催眠守則之事，加上她收取高費並向個案推銷其大雜燴課程的行爲，提醒了我，爲避免任何讀者誤會或有心人操弄，有必要聲明，宇宙花園是基於服務和保護讀者而提供操作者的聯絡方式，目的是希望有需要透過朵洛莉絲．侃南的技術，在操作者引導下與高我聯繫的人，能夠獲得所需的協助和人生洞見。操作者的收費和其個人行爲與宇宙花園完全無關。

我不是不知道宇宙花園出版的每本朵洛莉絲，侃南的書都會成爲操作者的最好宣傳。如果他們遵從教導，讓需要幫助的人透過這個催眠法受益，這是件很好的事。然而，無可避免的，還是會有（極）少數人走偏。有的是一開始就偏了（動機不純粹，拿量子療癒催眠法和作者名宣傳，卻一味強調外星根源或混雜其他方式，這就偏離了正軌），有的則是走著走著抗拒不了心魔。當一個人的小我因種種因素膨脹不受控，什麼離奇古怪的事也會發生。這都是身爲人類要努力克服的負面性。

另，關於有些人喜歡身心靈書籍卻又完全不尊重作者和中文譯者及版權人心血乙事；我說的不只限於宇宙花園的書。眞心想分享好書有不少方法，好書也確實需要讓更多人知道，但絕不會是用侵犯他人權益的方式。這樣的行爲眞的離靈性非常遙遠。宣揚一套，做的又是一套，一點也不靈性。這是靈性倒退。

現在除了盜版，也有人在影音平台上播放有聲書，這是侵權的違法行爲（或許以爲人在其他國家，法律難以執行）。然而未經版權人同意，亦不註明出處，便將整本書內容放到影音和社群平台，賺取流量營利和收取捐款，這不僅違法也不道德。明明可以事先詢問的事，明明不是自己的東西，爲什麼總拿取得毫無一絲不安？即使標題避用書名（因被檢舉過而變得更狡猾……唉），但內容仍屬宇宙花園的版權。就算取巧，仍是侵權，而且是更加故意侵權。而閱聽者們不分是非地感謝侵權者行爲，也呈現了人類自私和吊詭的一面。宇宙花園現在沒出有聲書，並不表示日後不會有。如果這些書沒能看進心裡，只成了靈性的必要裝飾，那眞的是太可惜了！希望這些人好好想想自己的行爲。

這本上集雖然只有前五章，但是裡面的知識和訊息並不單薄。請吸收和內化，不要囫圇吞棗地讀。如果認同書內訊息，請試著在生活中應用其中道理，若能因此讓你們活得較自在開心，較享受地球旅程，那麼作者朵洛莉絲．侃南和宇宙花園的心血就更有意義了。

閱讀愉快 豐收 :)

contents 目次

智慧是最重要的，因此，要得智慧，並用一切所有去獲得領悟。

——聖經箴言第四章第七節

（譯注：中文版之《箴言》譯爲「智慧爲首，所以要得智慧，在你一切所得之內必得聰明，或作：「用你一切所得的去換聰明」）。」此處譯爲聰明的原文是understanding，有理解力、判斷力和領悟之意，也是認識、理解事物並對其做出正確評估的洞察能力。有一說中文此句的聰明和智慧是同義詞。考慮到若用「聰明」易使一般非基督信仰的讀者單以字面解讀，而不知其深意。故用領悟並加註說明。）

作者序

我假設，當讀者看到這本書時，應當對我的工作，還有我在已出版的書裡提過的資料獲取方法很熟悉了。然而，如果這是你拿起的我的第一本書，也許我需要做些說明。

我不通靈。我作為前世催眠治療師已經三十年了，我書裡的資料是透過成千上萬的催眠工作所獲得。我的工作重點是治療並幫助個案回到適當的前世以找到他們問題的答案；我把自己看作是記錄者、調查員，「失落」知識的研究者。這是因為我發現了一種方法，透過這個方法可以接通所有知識的來源，我因此取得了曾經失落、遺忘，或世人從未得知的資料。發現嶄新、令人振奮的資訊，並將它們呈現給我們的時代，帶給我極大的喜悅和滿足。

在從事這個工作的三十年間，我發展出自己獨特的催眠技術。我發現了一種方法，它能進入合作對象的「潛意識」心智；我是這麼稱它的。然而這裡說的潛意識並不是精神病學家所定義的潛意識；那比較是心智的幼稚部分。當我被要求定義和我對話的是什麼時，我把它比作「超靈」、「較高的意識」、「高我」。我相信它和佛洛依德所說的「宇宙心智」是相同的。

大多數的催眠課程教你透過手指的動作與潛意識溝通。個案舉起某個手指表示「是」，另一個手指表示「否」。這個方式很慢、很乏味，也很無聊。當你能跟心智的那個（較高階）部分進行非常積極的對話時，為什麼要這麼做呢？

我發展出的技術就能接通這個威力極其強大的部分，而且方法簡單。這個部分能夠接觸到所有的知識。你只需要想出正確的問題。

我向來稱這部分為「它們」，因為它總是稱它自己為「我們」。它們說過，如果我想，我可以稱它們為「潛意識」（subconscious）。我怎麼稱它們並不重要，它們已經同意和我合作，因此會回應「潛意識」這個名字。此外，我在工作中發現，個案這個奇妙且慈悲的部分具有立即治療任何身體問題的能力。在我授課的一些國家，他們對於使用治療這個字非常謹慎。他們說他們不被允許這麼說。他們希望以「緩解」這個詞替代。

如何措辭並不重要，結果都是一樣的。個案只在一次催眠療程就以神奇的方式立即得到治癒。我在別本書裡報告了一些這樣的案例。「它們」曾告訴我，我必須儘可能地教導這個方法給更多的人，因為它將被視為「未來的療法」。讓人們意識到他們能夠治癒自己是最重要的事。讓人們知道他們的思想非常有力量，如果身體得到適當指示，它便會自我療癒。

起初，我並不知道這樣的程序能否被教導。你要如何教別人自己發展出的東西？要如何把它拆解，好讓其他人理解是怎麼做到的？

我的第一次嘗試是在二〇〇二年，當時我在新墨西哥州的陶斯（Taos）教導我的第一個班級，班上有十個人。我稱那班是我的「小白鼠」（Guinea Pig），我的「實驗品」班，因為我不知道會發生什麼事。人們曾問我，「他們被叫『實驗品』不會覺得討厭嗎？」學生們說不會，因為他們永遠會是最先學習這個技術的人。有些人還笑著提議要在他們的名字後面加上GP（譯注：小白鼠的縮寫）。而在那之後，我也完善了教學技巧，並在世界各地舉辦課程。

現在我的學生已有好幾百人，他們的名字列在我的網站的「學生」欄下，轉介給有興趣被催眠的人。我已收到許多學生的來信，他們說這個催眠法確實有效，他們也得到了奇蹟般的結果。作為老師，有什麼比成功傳授知識更令人滿意的呢？（譯注：此原文書出版於二〇〇八年。作者離世後，她的新網站已有更新。）

我做催眠療程的主要目的是為了幫助個案解決他們的問題。而這一路的過程出現了許多知識，也就是我在多本書裡寫到的內容。這些資料幾乎是透過跟我合作的每一個人湧現。這是有關我的探險旅程的第十四本書，以後還會有更多。

走筆至此，我希望已對新讀者說明清楚了。我不通靈，我不是靈媒。我是催眠治療師，而我的資料是來自「它們」（SC）。我只是必須收集和組織這些資料，並像拼圖一樣地拼出來，而這可不是件容易的事。

現在，就來好好閱讀最新的這本《迴旋宇宙》系列吧！

朵洛莉絲・侃南（催眠治療師、前世催眠治療師）

第一篇

讓我們一起探索！

第一章 我在催眠領域的進化

回顧我的回溯催眠工作，看到不僅是我自己，而是整個催眠領域的演進發展及改變，真是件奇妙的事。當我在一九六八年被非常溫和地引入輪迴領域時，一切都充滿新奇和挑戰。那時的我就已開啟一扇從此在心裡再也不會被關上的門。當時坊間並沒有書籍或說明來指導催眠治療師，因此我從一開始就必須設定自己的規則並發展個人的技巧。而我現在知道，這都是為了更好的結果。當時從來沒有人告訴我只有一種正確方法（他們的方法）來做催眠。從來沒有人說我不能實驗，一定要照多年來的方式進行。我現在也知道了，他們只是在教導別人所教的東西，而別人又是依照一直以來被教導的方法教導下去，就這樣無止境地延續。他們沒有質疑這些方法，也沒有人告訴他們可以改變規則。主要也是因為當時並沒有任何的指引和說明，我覺得像是被推入某個有別以往的嶄新且令人興奮的領域。我必須發展自己的方式，依循自己的路。我發現了時光旅行的方法，因此能前往過去並重溫歷史，就如它正在當下發生一樣。

由於我當時不知道透過催眠可以做到什麼，於是我選擇挑戰心智的能力並透過催眠來發現它的可能性。

當然，我花了很多年才有這些發現，我現在也仍在發掘運用催眠和獲取資料的新方法。在我工作的早期，也就是一九七九年當我開始固定做催眠的時候，我很喜歡穿越時空旅行（透過我的個案），來了解生活在過去是怎樣的情形。身為一位研究者和記錄者，我熱愛歷史。還有什麼研究方法是比去到那些時期，提出問題並獲得資料更理想的呢？我最初寫書的來源，就是從數百位個案收集到的資料。

如今看來，我在早期對輪迴的概念似乎相當簡單，但那是我當時知道的一切，也是今天大多數人所知道的，而僅僅是接受我們曾經活過不只一次的事實，就令人震驚並足以改變我們的人生。從小在教會洗腦下長大的我們，需要一個勇敢、有勇氣的靈魂來擺脫傳統並提出問題。這些問題是教會沒有答案或不被允許討論的。「如果問題不在聖經裡，那你就不需要知道。」「當你死的時候，你的所有問題都會得到解答。」「也許他們在天上放了張記分卡，可以解釋一切。」然而，越來越多的人並不願意等到死後才發現答案。他們越來越意識到，外面的世界有著比他們一生被引導去相信的說法還來得多的真相。他們開始提出問題，而答案一直都在；一直在等候著探索和質疑的心靈。

以我自己來說，接受輪迴概念並不困難。我在新教的環境下長大（主要是南方浸信會，**Southern Baptist**），在主日學校教課，在唱詩班唱歌。然而，我總是有種揮之不去的感覺，覺得生命並不僅是被教導的這些。我的一些問題在《聖經》或牧師那裡都沒有答案。許多個星期天早晨，我坐在教會裡聽著佈道，很想舉起手質疑牧師所說的話。「但那也許是別的意思……你怎麼知道是不是呢？」當然了，作為一個有禮貌的基督徒好女孩，我不能那麼做。於是我辭去在主日學校教孩子的工作。聖經裡的故事很有趣，但我不必去參與教導那些我不再相信的教條。

隨著時間過去，我對形而上學的涉獵越來越深，我把我相信的放在心裡，沒告訴別人。它們對我來說太珍貴了，不能淪為笑柄。我退出了正統教會，並相信自己已經找到宗教的「真正」意義。相對於宗教的是**靈性**，然而大多數教會已經迷失方向，不知道宗教和靈性這兩個詞的重要差別。

當我開始全職做前世回溯治療時，我以為我已經把輪迴理論都弄清楚了。我確信自己知道輪迴是如何運作的——一個簡單的人世過程，在這個過程當中，盡我們所能去做，學習課題……死去……然後評估我們的一生。接著與各個靈魂訂定契約，再次回到身體裡。這是靈魂逐步體驗地球學校，從一個年級到下一個年級，直到畢業，並再次與上帝成為一體的過程。這個概念很有道理，因此我完全可以接受輪迴理論並在催眠時據此療癒個案源自其他前世的問題。

在我早期寫書的時候，我認為前世是依循線性時間的模式進行。當時我還在慢慢循序地一步步走，而一世接著另一世，被時間和特定日期區隔的模式，是我的腦袋唯一能理解的事。我最初的個案當中有位毫無疑問是個夢遊者，她在回溯時能夠完全變成當時的那個人格。隨著她對所處的文化、神學等等生活風格提供的大量細節，我認為這是探索歷史的完美方式。我每次以一百年為單位往前回溯，帶她經歷了二十五個不同的人世。每一世的個性都很鮮明，我只需要告訴她到某一年，她就會變成那個非常容易識別的性格。

我開始對這些人格，他們的聲音、習性和肢體語言非常熟悉。我發現這是探索歷史的絕佳方法，我當時認為這就是我的天職，也是我會繼續書寫的內容。我在催眠早期（一九八〇年代）根據這個女子的前世寫了兩本書：《耶穌和艾賽尼人》（**Jesus and the Essenes**）和《魂憶廣島》（**A Soul Remembers Hiroshima**）。由於她的前世經歷所包含的豐富資料，我知道我最終會寫一本有關她其他人世的書。然而，我的催眠工作從早期就已默默朝向許多不同的方向發展。

隨著我持續探索前世，別的理論開始被引入，這令我很困擾。我當時認為自己把一切都想明白，都想通了。我不想有別的東西進來動搖我的信仰體系。然而，第一個接觸的就是印記理論(我把它寫在《地球守護者》和《生死之間》)。印記的概念是,我們並不必真的要實際活過很多、很多世,我們可以被銘印(或覆蓋上)其他人的人世記憶。這發生在靈魂(人格)要來體驗不一樣的生命,但沒有可以汲取使用的經驗/背景時。那些人世記憶是在轉世前取自靈界的浩瀚圖書館(在我們的指導靈和大師的幫助下)並銘印在我們的靈魂記憶。

我當時曾問:「我怎麼知道這個人是在重溫真實的前世還是印記呢?」我被告知,「你不會知道的。而且這真的不重要,因為跟印記有關的一切(情緒和所有種種)都是被覆加上去的。」

「印記」是真實的,因為人格需要這些資料才能在我們的世界運作,也因此沒人能夠分辨出差異。但這個不尋常概念的引入確實動搖了我的信念基礎。我為此掙扎了很久。如果我的信念,如果我所相信的會受到挑戰,我真的想要在這個領域繼續下去嗎?我對於生死和輪迴概念的(線性)運作感到自在,我並不想被打亂,不想我所相信的被顛覆。但當我探討自己對這個嶄新概念的反應,我意識到,如果我不至少以開放心態去審視新的概念,那我並沒有比有著「只要接受,不要質疑」教條的教會來得好。

於是我開始更進一步地去了解這個新觀念,以及其他相繼出現的概念(比如平行或重疊的人生）。漸漸地，智慧開始滲入封閉的頭腦。打開心，研究新概念很有挑戰性，同時也是奇妙的，因為我們的背景和成長經驗裡並沒有任何東西可作為這些事情的依據。然而，一旦頭腦開始質疑，就沒有回頭路了。我們無法忘卻已經學會的東西；不能把它們掃到地毯下藏起來當作不知道。一旦打開蟲罐，你就無法把蟲子放回罐子裡。

直到三十年後的現在，我才看到「潛意識」行事的智慧。它們一次只給我一點點資料，好引起我想知道更多的興趣。它們給我時間，耐心地等待我消化了每一小塊資料，才又給我下一個資料。「它們」知道，如果不這樣，這些資料會令我無法負荷，我會把資料都扔到牆上，停止工作，對它們說：「我不懂！我不想要懂。為什麼不能回到原來的樣子？回到我覺得自在的時光旅行和歷史研究？」顯然，它們有別的計畫，而且只在我瞭解了這些小片段，吸收為自己的一部分，並與它們合作的情況下，計畫才會成功。

幾乎每位來找我做前世治療的個案都會問同樣的問題：「我的人生目的是什麼？我為什麼在這裡？我應該做什麼？」我總是告訴他們，如果「適當」的話，我們能夠找到答案。跟我合作的潛意識永遠不會給超過他們所能應付或處理的事。

假設這個人的命運或人生目的與他們現在的生活南轅北轍，如果過早告訴他們，他們可能會說：「哦，不！這是我最不想做的事！」然後他們會在自己的道路上設置障礙，做出自我破壞的行為。在這種情況下，知道一切的潛意識會說：「還不是時候。我們不能告訴他們。」

在某個案例，個案想知道他的人生目的。當我在催眠時提出這個問題，潛意識說：「我們還不能告訴他。可是，我們真希望我們可以！你不知道我們看到了什麼！但考慮到他是在你二十年前的位置……你不會讓一個小嬰兒一開始就吃三道菜。你會先給嬰兒喝牛奶，然後軟麥片，然後蔬菜泥。很久後，你再給他吃固體食物。」這是個非常恰當的比喻，讓我明白了自己是花了多久的時間才走到這裡。而且，如果沒有適當的指導，「嬰兒」很容易就會感到無法負荷並且氣餒。因此我相信它們的智慧。

透過《迴旋宇宙》系列，潛意識持續在擴展我的心智。就在我認為沒有更多可學的東西，沒有更多新事物的時候，它們會給我一個新概念或理論去思索。即使那個概念非常不一樣，而我也不懂，我會去思考並努力將它融入到潛意識試圖讓我看到的生命整體規劃，也就是大局的安排。

「它們」說我們終於準備好要接受這些更困難的概念了，我也持續告訴它們：「是的，但你們必須解釋得更清楚。要不然我要怎麼寫或是講授這些概念呢？」因此，我仍在持續探索，而至少這個探索並不沉悶。我並沒有陷在已知事物裡而一成不變或墨守成規。我的思想持續被挑戰性的想法所擴展。有時候，我真希望我能回到最初探索歷史並書寫那些案例的日子，那個時候簡單多了。但後來我意識到，如果我的工作是持續那樣，那我就會失去許多有別以往的資料和知識了。我現在仍在持續探索，只是以不同的方式，探索不同的領域。

★ ★ ★

看到一些人對輪迴轉世概念的第一反應，我仍然感到訝異。當他們聽到這個觀念時，他們說：「你的意思是……我以前活過？這不是我第一次在這裡？」對許多人來說，只是有過另一世的想法，就很不可思議。他們甚至還不知道，事實上，他們已經以各種可以想像和無法想像的形態活了好幾百世了。

對某些人來說，發現自己的前世曾是另一個性別也很令人震驚。「不，我不可能曾經是女人！我一直是男人！我一直是男人！」潛意識對這些剛接觸輪迴轉世概念的個案非常溫和；他們通常只會看到一個簡單、平凡的前世，因為那是他們所能應付的了。然而，那一世在我看來雖然簡單，卻蘊藏著他們問題的答案。

曾經在同一個星期裡，兩位非裔人士來找我催眠。一位看到的前世（一個現代城市）正好是在這一世之前。當他看著自己的身體，他嚇了一跳：「那是白人的手。我不可能是白人！……我的女朋友也是白人！」第二位則看到自己是古羅馬競技場上的鬥士。他很厭惡打鬥，他不想再繼續了，但唯一的方法是讓自己被打敗。他對殺戮感到非常厭倦。猜猜他在競技場上殺的大多是什麼人？為了競技娛樂而從非洲帶來的黑奴。透過輪迴法則的運作方式和智慧，他這次因此以黑人轉世回來。一旦人們瞭解輪迴的概念，就不會再有偏見和論斷了。因為那樣做意味著你有可能會以被你評斷或偏見看待的那個身份回來體驗。

這個系統運作的方式和邏輯確實很美妙。你不是一個身體！你是**有**一個身體！真正的「你」，唯一且「真實」的你是你的**靈魂**。靈魂永生不朽，它從一個身體到另一個身體進行歷險並學習課題。你在每一世都要穿上一套新衣服（那就是你的身體），在戲中扮演你的角色，如果你要說是一套新戲服也未嘗不可。然而，就像所有的衣服，無論你有多喜歡，有多想一直穿著，它最終會被穿壞。到了那時，你就必須扔掉那套衣服，換套新戲服，然後開始你在新劇裡的角色，而且你必須在不知道情節或劇本的情況下演出。

地球只是我們決定要來的一所學校。每一次人世都是一堂課，有很多功課要學。在還沒有學完現在這課之前，不能進入下一課。在地球這所學校，你不能跳級，但留級會是必須的。你要直到做對了，學會了，才能升級。這需要的時間，可能很長，也可能很短。如果你這次沒有做對，那麼下回你會遇到同樣的問題和課題，直到你終於理解並學會它要教導你的事情為止。接著你再繼續下一個課程或年級，而新的課程可能會，也可能不會比較容易。這樣的過程將會一直持續，直到你終於畢業，可以留在靈界或回到上帝身邊。

「種什麼因，得什麼果」，如果人們能夠瞭解這點就好了。你必須為你在生活中對他人所做的負責。世上沒有白吃的午餐。人們對你做的，他們也必須償還。我在三十年的催眠治療生涯裡，做過的前世催眠多不勝數。我一次又一次地看到「種什麼因，得什麼果」。沒有人能夠擺脫。前世行為確實會造成這世的問題。若你曾在前世對不起某人，這世的命運會讓你再次和那個人相遇，因為我們永遠都是要正視，要勇於面對自己的過錯。

只要人們能夠瞭解這點，想想我們將會有多麼不一樣的世界。如果人們明白，他們無法擺脫這世行為的影響與後果，他們這世所做的（不好的）事將會回來困擾他們，他們無論如何都必須償還，因為這是宇宙的法則：因果法則，也是一種平衡的法則。它被稱為業力。

以下是我在催眠治療時努力讓個案明白的最重要事項之一。我會讓他們知道，人們揹了很多「包袱跟垃圾」在身上；有些來自其他世，有些來自這一世。不願解決這些垃圾的結果，就是使自己生病。多數垃圾是業力的延續，有時候是因為許多世都跟同樣的人打交道，因此陷入慣性的互動模式，但這個模式對他們毫無幫助。人們需要明白，如果現在不解決這個問題，他們必須再次回來面對同樣的人和事。

有時候，這樣的一番話就足以令他們震驚並進而省思。他們會說：「我不想這樣！我要擺脫他們！我無法忍受他們！」那麼最好現在就著手處理問題。

我曾經問過潛意識：「如果我們知道回來（地球）的原因，不是會比較容易嗎？如果我們能記得跟這些人的關聯？」潛意識回答：「如果你們知道答案的話，那就不是考試了。」

在進入一個新生命之前，我們在靈界會回顧剛離開的那世，我們會跟相關的靈魂討論，與他們訂下合約。「嘿，我們上次沒有做得很好。你想再試一次嗎？這次你當丈夫，我當妻子。也許這樣會有用。」於是我們決定回來跟同樣的靈魂再試一次，我們照我們所希望的互換角色。然而，很多時候，這麼做並沒有成功，因為我們陷入了同樣的舊有模式，即使我們不記得那是怎樣的模式。

「我們就是無法相處。我說或做的每一件事都是錯的。跟他們一起生活真是太可怕了。你不知道我過的是什麼日子。我好希望有條出路。」只要個案仍帶著這些包袱與垃圾，問題就不會解決。很多時候，情況糟到他們無法跟對方面對面說話並嘗試解決問題的程度。對於這樣的情形，我會建議他們在心裡跟對方說話。

你可以在心裡告訴對方，你知道這行不通。你試過了，你也知道他們努力了，但沒有用。「那麼我們為什麼不撕掉合約？你走你的路，我走我的。我們不必再繼續過這樣的日子了。我釋放你，帶著愛釋放你。」然後想像你們撕掉合約，把合約扔了。

沒有好，沒有壞。沒有邪惡。沒有魔鬼。沒有地獄。只有需要學習的課程。只有能量；正面和負面的能量。我們所認知為邪惡的事，只是人類以負面的方式使用能量。因為與其負起責任，這麼說對他們要容易多了——「是魔鬼逼我這麼做的！」「我被邪惡的存在體控制，他們影響我，迫使我做出可怕的事。」諸如此類等等。又或是「我的父母不瞭解我……之類的。」

我們每個人的生活裡都會有不好和不幸的事情發生。這就是人生。它被稱為「生活」。然而，你是否從糟糕的情境裡學到了什麼？即使只學到一件事，那就是課題的目的。如果你沒有從情境中學到任何事，如果你把人生中的不幸歸咎於他人，那麼你將繼續體驗到負面事物，直到你最終明白它要教導你的功課。而後，你才會得到自由。這就是探索我們前世的重要性與意義，以及它的美妙之處。有時事情雖然看似不公平，如果探索前世，我們可能會發現答案就在那兒：我們是在償還自己過往行為所累積的業。

記得嗎？我先前說過，種什麼因，得什麼果。我們不會因為死了就不用還了。那太容易了。債務在還清前，不會自動一筆勾銷。還完後，我們就可以重新開始。至於什麼是最快速，但不是償還業力的最簡單方式？當然不會是你傷害了我，所以我也要傷害你！不是這樣的。這樣做只會讓業力之輪繼續轉動。

最快速的方法是**原諒**。我沒有說這很容易做到。有些傷痛是如此之深，要釋懷非常困難，但你必須原諒，毫無保留地原諒，而且是真心的。然後你還必須原諒**自己**；這也是人生最難的事情之一。然而，如果你真的想釋放業力，而不是不斷陷入一再回來償還業力的循環，那麼原諒就是必要的。

一旦你原諒了，而且是真心的，神奇的事就會發生；那些人再也傷害不了你了。他們無法再啟動那個會引爆你的按鈕。畢竟對大多數人來說，那樣做只是遊戲；因為他們知道要按哪些鈕來引發你的反應。然而，一旦你能真正原諒，一切都會改變（記得，不一定是要面對面跟對方說）。當你真正原諒後，你會注意到微妙的變化，雖然可能需要一段時間，但情況會變得比較緩和。而另一個選項（以牙還牙）的結果……你想讓業力之輪繼續運轉嗎？

我曾有位重病的男性個案，他身體的每個部位都罹過癌。我在工作中發現，癌症往往是由被壓抑，沒有表達的憤怒所引起（尤其當癌症在腹部或腸道）。當憤怒翻騰，沒能釋放，它會開始傷害和侵蝕身體。每次醫生為這位個案動手術除去癌細胞之後，癌又會在另一個部位出現。這似乎成了一個無休止的循環。於是我問個案：「你是不是在氣什麼事情？」他幾乎是大叫地說：「當然啦。我氣我前妻！我恨她！孩子跟她住，可是她不讓我見他們！」於是我跟他談到原諒和釋放憤怒。「我不能原諒！如果我原諒她，那她就贏了！」我直視著他的眼睛說：「如果你因此死了，她才贏了。」

道理就是這麼簡單，卻又如此困難。這也是為何業力之輪會一直持續轉動。

★　★　★

有天晚上，我坐在電視機前，利用廣告時間閱讀投稿的稿件，突然間有個啟發；其中一位來稿作者所寫的內容觸發了我的靈感，我一直以來被給予和發現的許多鬆散資料頓時組合在一起，並以一種奇特的方式變得很有道理。那位作者的內容跟我接下來的推論並無關聯，他是使用在不同的脈絡。而我一直都有這些片段資料，只是從未用適當的脈絡去看它們。

我在進行催眠時，是跟潛意識一起工作來療癒個案。我讓潛意識去找到疾病或病症的起因。只要潛意識解釋了原因，就能解決問題。在深度催眠的過程中，一旦除去意識的干擾，很有可能是個案自己的心智在進行療癒。但無論是什麼在療癒，都是有效的，我在我的辦公室已經看到許多奇蹟發生。我把跟我溝通的這部分稱為「潛意識」，但我知道它不是精神病學家所指的潛意識。跟我合作的這部分要大得多，也更有力量。我相信我是在跟個案的高我、更高的意識、超靈溝通。它是擁有所有答案的那個部分，如果情況適當和允許，它會提供資料與治療。它回應「潛意識」這個名字，因此我稱它「潛意識」（SC）。當我們溝通時，它稱它自己為「我們」而不是一個單一的存在。它透過我在全球各地的所有個案都是這麼自稱的。

當這些拼圖一片片就位，我突然有了靈感。我出版過邦內醫生（O.T. Bonnett）的三本書，他在書裡曾解釋我們的心智如何療癒我們的身體。在《為什麼療癒會發生》（Why Healing Happens）這本書，他提到當我們想要治癒某些疾病，有一點非常重要，那就是跟我們體內的細胞交談並得到它們的合作。為了引起細胞的注意，我們要讓細胞知道有一個更高的權威（我們的人格）在對它們說話，我們應該一直用「我們」自稱。這些細胞習慣於處理它們的工作，照顧身體的各個部分。它們不習慣有其他部分覺察或意識到它們。因此，當我們能引起細胞的注意並要求它們的協助時，對它們而言，我們就是上帝的聲音，它們會留意我們所說的話。

來稿者提到，我們認為自己是一個身體，一個單位，但實際上我們只是一個裡面有著數萬億個獨立細胞的外殼。這些細胞構成我們身體的所有器官和系統。它們除了有各自的工作，彼此間也和諧與平衡地合作。我們才是造成不平衡並將疾病引入它們世界的人。他事實上是這麼說的：「我們只是一個裡面住著一大群生命的實體外殼。這個巨大的生命群體能夠思考、消化、繁殖、排泄，所有我們作為人類能夠做到的事是由這些細胞在執行。由於我們只是一個由數萬億個獨立存在的個體（細胞）生命所組成的巨大存在，因此把自己稱為『我』是不正確的。我們應該稱自己為『我們』。」

這就是靈光一閃的時候。這一切聽來好熟悉；我們應該使用「我們」這個代名詞跟身體的細胞說話。我想到潛意識或更高意識稱它自己為「我們」，這是否意味潛意識也是一個更大意識的一部分？我相信是的，我會在有關上帝（也就是源頭）的章節說明這點。

沒有人是孤單的。我們都是一個更大結構的一部分，而每個部分都依賴其他部分才能生存。這個結構無法單獨存在。我在演講中多次說過，我們只是上帝身體裡的細胞。現在這一切開始變得清楚了。我曾被告知，一切都與溝通有關，跟累積資料有關。我們必須活過無數次的生命，在其中學習各種可能學到的課題並收集知識。目的呢？我得知，當我們完成所有課題並「畢業」時，我們必須把這些累積的資料帶回給上帝。祂很好奇。這是為什麼一開始我們會被創造為個別的光的火花的原因。祂想學習，於是我們被創造出來，被派去學習所有可能的一切並帶回去給祂。正如本書資料將顯示的，我們非常高興和滿足於留在上帝身邊，那裡有不可思議的愛。我們從來沒有想要離開，但我們不得不離開，因為那是我們被創造出來的目的。許多人把這個分離和孤寂的感受帶到了這一世，他們從不明白這樣的感覺由何而來。只有當我們都在一起了，我們才會感到滿足。這樣的分離極端煎熬，也只有當我們回到「家」並留在那裡，我們才是完整的。

依上述的脈絡，事情就說得通了。因為即使在我們的身體內部，一切也是與溝通有關。細胞之間會相互溝通和聯繫，雖然它們也不斷在死亡與更替，但細胞認為它們是一個整體，它們並不把它們自己看作是分離的。細胞和DNA不斷向我們的大腦發送資料，跟我們的那個主要部分——大腦——溝通。

可以這麼說嗎？這些細胞將我們看作是它們的上帝，而它們的任務是以它們知道的唯一方式來累積資料和知識，並將這些知識傳遞給我們身體的較高階部分。然而，這不就跟我們透過無數次人世所要做的事是同樣的：累積資料並送回給上帝。

我假設，如果細胞試著解釋它們對我們的認識（若它們能意識到我們），它們會跟我所合作的個案一樣，很難定義所感知的上帝。我們可能會被看作是大腦和身體之外的那個巨大、模糊的「某個東西」。一個它們看不見或無法理解的全能（因為我們有力量去傷害它們）和全知的飄渺事物。因此它們繼續進行它們身為器官的一部分或無論什麼的工作，完全沒意識到當我們死去，它們也會跟著死去。眾多的個別細胞都在做各自的工作，這些細胞可能不知道它們是屬於某個器官（心臟／肝臟／腎臟等）的一部分。這也可以說明或類比我們更大的靈魂是如何由許多部分（不同的生命／人格）所組成，而這許多部分都在過著自己的宿命，完全沒意識到他們是屬於一個更大單位或整體的一部分；我們把自己視為個體，獨立行事於我們的更大靈魂和我們的上帝之外。我認為這個比較的相似處多過相異處。我們只是需要好好檢視這個新概念。

《迴旋宇宙2》裡提到，地球也是個資料庫，儲存著這個星球上所有生命（細胞）積累的資料。太陽也在收集資料，不僅從地球，也從太陽系空間裡的所有行星、月亮、小行星和人造衛星。我們被告知，所有的太陽都是它們所在的恒星系統裡的接收與累積資料的儲存器。宇宙一直在聚積來自所有恒星系統的資訊。得知這一切都是為了儲存知識和資訊令我驚訝。從小宇宙（我們不知道可以到多小），到大宇宙（我們不知道那有多大）都是一樣的。只有上帝（亦即源頭）知道儲存所有資料的目的。也許是為了幫助創造新的世界？我們已經從我的其他書裡知道了輪迴、再生或重生的循環並不僅適用於人類物種。在本書的其他章節，我會告訴你們這些運作如何適用於所有生物（這包括了一切，因為一切都是能量，因此一切都是有生命、有生氣的）。

我們發現，即使是天上的恒星也會經歷死亡和重生的循環。一顆恒星或太陽的生命也是有限的，當它的能量（或者說，靈魂？）被釋放並成為超新星時，它會在燦爛的爆發中死去。「然後呢？」我問。它們說能量被回收用來創造新的恒星。

宇宙持續在擴展膨脹，但即使是宇宙，它的生命也是有限的。它只能擴張或向外爆發到它無法再擴張的程度。然後它開始內爆。這時宇宙開始失去能量，開始死亡。但當到達那個（死亡的）點時，又會如何？我被告知，「然後整個過程重新開始。一切重新開始。」所有一切都在不斷重新誕生、回收和再生的過程當中。

現在，讓我們回歸實際，把這個概念帶到每個人的日常生活，而不是留在我們的想像之外。

這個概念意味著我們的心智無所不能。然而，我們並沒有意識到我們的力量到底有多大。我們是如此習慣於人們對我們施加限制。我們事實上能夠在生活中創造出任何想要的事物。我們可以療癒我們的身體。我們可以擁有一切。我們要做的，就是移除自己和他人所加諸的限制。我們必須**明白**真正的我們所具有的力量。然後，我們必須**相信**。相信和信任。沒有任何人能夠奪走我們的力量，除非我們允許。

現在是取回過去世代這些常見能力的時候了。我們的世界正在經歷戲劇性的變化，我們需要改變以便配合。我們將需要所有的力量回歸（心靈的和其他方面）。在新的世界，新的地球，心靈力會像呼吸般自然與平常。這是為什麼我們正被喚醒。一切都在按部就班地進行，一切都會漸漸明朗，而我們每一個人都有自己的角色要扮演。

這些是我的理解（到目前為止）。它們可能不是**你的**理解，但請保持開放的心態，讓我們一起探索。

第二章　典型案例概述

在過去三十年間，我的催眠工作主要跟治療有關。我意識到我的工作是幫助來找我的人找到問題的原因和緩解問題的方法，這樣他們就能過上正常和充實的生活，並在沒有「包袱和垃圾」的阻礙下前進。這是我主要的工作重點：我帶個案回到適當的前世，他們因此能瞭解他們今生問題的源由。當然，這一路上，我的工作經歷許多轉折，也帶出了我現在所寫的這些令人費解的概念。在這一章，我想要介紹一些最基本的典型治療案例，以及它們與前世的關聯。

二〇〇六年的十一月初，連續兩個來找我的個案都跟童年被虐有關。一位男性，一位女性，他們都被過往經歷嚴重影響。男子記得從兩歲起就不斷被父親毆打，直到他十八歲離家。他來找我的時候，對父親仍有極大的憤怒和怨恨。那位女性則是封鎖了她十七歲前發生的那些事件的所有記憶。她從四、五歲起就被父親性侵和猥褻。她也對父親非常氣憤和怨恨，因為她認為他毀了她的人生。離家後，她試著去唸大學，但一切對她來說都太沉重了。她轉而吸毒、酗酒和賣淫。她來找我時（那年她二十九歲），是她人生最低落的時刻，她迫切需要幫助。她曾經自殺，也曾被送到專門機構治療。毒品和酒精影響了她的身體，尤其是她的腎臟。她不得不切除一顆腎，但剩下的那顆沒能有效運作，毒素對她的身體造成了影響和傷害。（潛意識說她曾試圖自殺來結束痛苦。）她一個人努力獨自撫養三個孩子，這對她來說很困難，因為她很沮喪，總是昏昏欲睡。她還喜歡自殘，在自己身上刮割。她顯然憎恨自己的身體並試著摧毀她厭惡和引起麻煩的部分（她長得很好看，但她卻認為自己很醜）。這兩位個案都很痛苦、悲傷和憂鬱。在他們離開我的辦公室的時候，他們的人生已有了轉機，他們準備好要以希望而非絕望的心情來面對這個世界，因為我們找到了問題的起因。兩者雖然不同，卻有類似之處。

男性個案在催眠時回到第一次世界大戰的戰場。他並不想到前線，他說募兵人員騙了他。他們告訴他戰爭會很短，而且他不必作戰。然而，他發現自己處在槍林彈雨之間；子彈在身邊呼嘯而過，炸彈聲此起彼落，還有瀰漫在空氣裡的致命氣體。在他周圍的士兵一個個死去。他說他哥哥就在附近，但因煙霧瀰漫和環境混亂，他看不到他哥哥。想加入軍隊的是我的個案，他哥哥並不想，是被他說服的。由於個案看起來很害怕，我猜想他可能就要死在戰場。

當我把他帶到他那世的最後一天，他的敘述令我訝異，因為他說他已經老了，躺在床上快要死去。他在戰爭中倖存下來並安全回到家鄉。他結了婚，有了家庭。但他死在戰場的哥哥就沒那麼幸運了。當然，他對此感到內疚，因為他覺得如果他沒有說服哥哥跟他一起從軍，哥哥就不會死了。當我們接觸潛意識時，潛意識說他哥哥這一世回來做他的父親。他哥哥帶著許多憤怒和怨恨，因為他覺得自己被欺騙，因此喪失生命。他決意要個案償還，最好是賠命，至少也要讓他的人生儘可能地悲慘。這解釋了父親為何會對小男孩表現出沒來由的憤怒。這位父親令人同情，因為他帶著沒有解決的憤怒回來，也讓自己因此累積了許多業。

當個案瞭解了這個關聯，他便能放下對父親的怨恨，釋放並原諒父親，於是他撕掉合約，斷了關係。透過催眠過程中的許多努力，當個案離開時，他的心境已經不同。這位個案原先也有嚴重的背痛，從脖子、肩膀，一路痛到腰部。這很明顯是因為五十年來一直背負的這個沉重負荷所致。他現在也終於能釋放了。

女性個案的前世關聯雖然跟男性個案不同，但兩者有相似之處。她在催眠時看到自己身在第二次世界大戰時飽受戰爭蹂躪的德國。士兵們在街頭作戰，但不是跟別的士兵，而是和平民。他們在射擊平民。她是位女醫生，試圖幫助那些因槍傷躺在街上，流著血，瀕臨死亡的百姓。士兵們像瘋了似的，在射殺婦女前先強暴她們。士兵也向男性和孩童開槍。她說那些被射殺的是猶太人，這是德軍摧毀猶太人的方式。街上一片混亂。她試著幫助其中幾位，但被憤怒的士兵推到一旁。起初，士兵並沒有要傷害她，因為他們知道她是醫生。但後來情況越來越糟，大家也越來越驚慌。她逃進一棟大樓，躲在樓梯間看著外面的屠殺。士兵們在樓梯間發現她，把她拖到街上。在那個當下，那些士兵完全瘋了，不聽任何人的話。他們把她綁起來，許多士兵輪流強暴她。後來他們向她的頭部開槍，殺了她。在我指示她離開身體後，她看到他們把她的屍體扔在許多具屍體上面，接著在這堆屍體上放火，把屍體全燒了。死後的她說，她對他們沒有任何憤怒，因為她明白他們陷在戰爭的情緒裡。他們在做他們「男人」的事。

她帶著助人的計畫回到這一世，想彌補她在那世沒能幫助人的遺憾。她現在的父親是當時的納粹士兵之一，是第一個強暴她的人。他回來人世是想透過做她的父親來撫養和保護她，償還他當時不正義的行為。這曾是原本的計畫，但顯然在回到人身後有了變化。潛意識說他陷入肉體的方式，忘記了原本的目的。這表示，即使來到這個世界的靈魂是帶著良善的計畫和高尚的意圖要償還先前的業，但他們會被生活影響和改變，作為人類並不是那麼容易。

當我們在靈界時，事情看來總是很簡單，好似輕輕鬆鬆就能達成計畫。但來到人世的靈魂卻會忘記原本的意圖，也由於這是一個自由意志的世界，靈魂必須應對其他人的自由意志，還有身為人類要處理情緒的壓力。這位父親困陷其中，不幸地累積了更多業力。這兩個案例裡的父親都該被同情而不是唾罵憎恨。

由於情況有了變化，這位女子的靈魂計畫也不得不改變。她是來幫忙的，而她現在還是能夠提供協助，只是是從一個跟她原本預期完全不同的角度。她的許多可怕經歷讓她做好了準備去幫助其他曾被性侵的女性。她能夠幫上她們，因為她是過來人，她瞭解。誰能比一個「經歷過」的人更能幫助這些受害者呢？現在她能夠扭轉人生，也可以放下過去，向前邁進了。

在這兩個跟虐童有關的案例，相關靈魂回來人世的原因都是為了幫助，但在進入身體並接觸人類行為後，事情有了變化。這兩位個案除了要原諒侵犯他們的犯錯父親，他們也要原諒自己，而這往往是最困難的部分。

有關虐童(也可延伸到虐待配偶)的一個更奇怪解釋跟連續幾世生活在宗教環境、修道院和修女院等人世經驗有關。生活在嚴格和冷漠的環境下，這個信念在他們的心裡根深柢固：為了能上天堂與上帝一起，他們必須受苦，而且是受所謂的宗教人士受的苦。這樣的信念已生根在我的一位女性個案心裡，她無法放下，即使她對這些人世並沒有意識上的記憶。參與這些人世的所有相關人也都跟她一起回到這一世，扮演他們虐待者的角色。他們創造了同樣的環境，因為他們相信那是通往天堂的唯一途徑。

接下來的這點很重要：在其他人世立下的誓言帶有強大的力量，這是由於立誓的背後往往是非常堅定的信念。也因為這些誓言在那世沒有被背棄，於是延續到這一世。最常見的一些誓言是獨身和貞潔，這通常導致今生性方面的問題。立誓守貧則帶來金錢問題。現在我們又由催眠發現了受苦的誓言。

釋放這些誓言的最簡單方法就是把它們留給過去立誓的那個存在／人格，並對個案解釋，那些誓言在那世有它們的重要性與目的，但絕對不適合現在這世了，這些誓言於是能被取消或背棄，它們的力量也得以解除。

★　★　★

一位女性個案經歷了一連串車禍，而且都是被後車追撞。「它們」喚醒她的方法似乎很激烈，但我發現，如果人們不注意潛意識試圖給的微妙暗示，那麼往往需要較激烈的手段提醒。潛意識說它們已經試了很多年，但「她深陷在舊時的行為模式」。

當我在催眠課上舉出許多意外事故的發生導致人們傷殘的例子時，有位學生對此很難理解；縱使這些不幸事件確實改變了個案的人生方向。那位學生說：「這不可能是真的。靈體絕不會對任何人做這種事。它們是為了幫助和保護，不是要傷害。」

沒錯，靈體總是在看顧和幫助我們。「我們一直都在這裡，這就表示了一切；每個需求會得到滿足。每個好奇心會得到解答。」然而，我們怎麼知道那些意外的發生不是生命計畫裡的一部分呢？

當靈魂在兩世之間的靈界時，他們會與他們的指導靈、長老和大師協商，為回到地球想要體驗的人生類型建構計畫。這個計畫自然跟償還業力、如何成長及學習更多知識有關，同時也是要儘可能地幫助許多人。

如果某人忘記了他們的任務（這樣的情形經常發生），那些在靈界，在另一個世界的靈體就會創造事件，把人們拉回他們的靈魂道路——也許這也是計畫裡的一部分。因此，看起來激烈的事件，事實上是每位參與者所同意的計畫內容。如果來自靈界微妙的暗示和內在的直覺沒能發揮作用，那就勢必要嘗試更強烈的方式。但這一切都是出於愛，雖然從我們受限的人類觀點來看，可能不這麼認為。

我在演講時總是會說：「每個人都曾發生過不好的事。我們逃避不了。那是人生的一部分。但當你看著你的人生，好好的檢視，你有學到什麼嗎？哪怕你只學到一件事，那就是它的目的。」

從來沒有人說過生活會很容易。地球被認為是很具挑戰性的星球，而我們學到越多課題，就能越早脫離業力之輪，不必再回到這裡。我們可以沿著道路向上前進，而不是一圈圈地轉來繞去，毫無進展。

★ ★ ★

一位五十多歲的女性個案想知道她重病的原因：她有肝和胰臟的問題。雖然問題一直存在，但不是很嚴重，直到她四十一歲時差點因此死去。當時她的器官已完全喪失功能，醫生告訴她來日不多；除了肝臟移植外，別無他法。她因為病得太重，不考慮這麼做。醫生們跟她說她活不了了，但她拒絕接受這個說法。（當然，這個心態是她能存活的一半原因。）在她遇到一位專門研究動力學（kinetics），跟肌肉反應有關的另類療法醫生後，她活下來了。這位醫生改變了她的生活方式，尤其是飲食習慣，也因此改變了她的人生。她的肝雖然仍有些問題，但已不像幾年前那麼嚴重。這次催眠的重點就是找出疾病的原因，並使身體完全康復。催眠時，我們發現了對肝和胰臟疾病的不尋常解釋。

這位個案在催眠狀態下體驗了兩個前世，這兩世都跟她失去打算婚嫁的摯愛有關。第一世是在一個充滿悲哀和挫敗，令人沮喪的村落。她迫切地想逃離不快樂的家庭（嚴酷的父親、冷漠的母親和滿屋子飢餓的孩子）。她認識了一位來到村子的外地人，她計劃嫁給他。那天，她穿了婚紗到教堂，所有親戚都出席了。即將結婚的她對於將要離開那個地方感到非常開心。然而那名男子沒有出現；她就這樣被拋棄在聖壇前。家裡的每個人都嘲笑並譏諷她。「她怎麼敢認為她能夠逃脫，可以有不一樣的生活。她什麼都不是，根本沒有人會要她。」別無選擇的她，只能回到那個不快樂的家。她悲痛欲絕，傷心過度而死。她認為自己擺脫不了那個處境；這個想法在那個年代可能是正確的。

我把她帶到更久遠之前，想找出她為什麼會處在那樣的情境。她看到自己在另一世，一個酒館場景，在場的每個人都很開心。大家在慶祝她訂婚。然而在結婚前，她的未婚夫卻因農場馬車事故而喪生。她很難過，後來一直沒有結婚。她在四十多歲時去世，雖然孤獨但並非沒有朋友。她的潛意識說，她現在這世的病是為了保護自己免於同樣的不幸。她曾在兩次人世深受失去所愛的打擊。因此在這一世，她甚至不讓自己有結婚的可能。如果她病得很重，尤其是在她最有可能找到伴侶的那幾年生病，她就不會再受到傷害。她的潛意識說她原本那時就會死去，但跟另類療法醫師的見面使她轉而思考形而上學，她的人生因此有了較積極和有效的轉變。於是她被允許活下來，這樣就能學習並教導其他人。由於她現在已不太可能結婚，這個病也就不再需要，殘餘的病症因此可被移除。(她這世的症狀與她看到的第二世的死因相同。)她的偏頭痛也是同樣原因，現在也可以消失了。

★　★　★

有個極度憂鬱並自童年起就跟社會脱離的案例可以追溯到兩個前世。這位男性個案雖然出生在一個有十二個孩子的大家庭，但他從不覺得跟任何一位感到親近。他總是覺得孤獨和沮喪。他這生一直有種冷漠、不關心，身為旁觀者的感受。他曾看過精神科醫生並使用治療憂鬱症的藥物，但他認為沒什麼幫助。即使是天然藥物也沒有效果。有個診斷稱他的情形是「免於傷害」情結。換句話說，為了避免受到傷害而封閉自己，不跟任何人事打交道。他活得很寂寞，工作也沒有帶給他滿足感。他從未結婚，雖然他在外觀上是有吸引力的。他認為他的冷漠和對生活的不感興趣使女性難以接近。他曾有過一段感情，他被對方深深吸引，他想娶她為妻，但這段關係沒有結果，這使得他更加沮喪。還有一次是一位女子喜歡他，但他沒有回應。

他認為他人生的唯一解決辦法就是自殺，他也曾認真考慮這麼做。他現在有位女友，她試圖從形而上學的觀點瞭解他，他希望這段感情能有結果。他是在她的催促下，同意來做回溯催眠。一開始，他抱持懷疑的態度，他的傻笑像是在說透過催眠尋找答案的想法很可笑，然而他還是同意進行。催眠時，我要求他的潛意識帶我們回到過去，找到他渴望孤獨的原因。他說他在當下感到喜悅，像是找出答案的時候到了。他對於自己在聽到要找到問題原因時覺得開心感到訝異。

他在催眠時來到一個跟他現在的生活出奇相似的前世。他住在一個小鎮（可能在西部地區），做的是修理馬車的工作。（他現在從事電子工作，在工廠修理電子產品。）他孤家寡人，覺得自己在鎮上像個被遺棄的邊緣人。他愛慕一位美麗的黑髮女子，但這只是單方面的喜歡。他太過害羞，不敢表達自己的心意。他工作得也不開心，人生似乎沒有什麼值得留戀。他唯一感到快樂的時候是來到一個可以俯瞰大海的懸崖，靜靜坐著，遠離一切塵囂。然而到了後來，這也無法帶給他慰藉。最後，他再也無法承受，於是朝自己的頭部開槍。

雖然他希望結束這一切，但我們知道這是不可能的。自殺只會讓事情更糟，因為依照業力法則，你必須重複同樣的情境，直到學到課題為止。這絕對是真的，因為他流著淚說：「我現在的生活就是那一世的翻版。我並沒能逃脫。」他認為現在這世吸引他的第一位女子，就是另一世的黑髮女子，她在這世也拒絕了他。歷史正在重演。他這世面臨同樣的情境，就是要看他這次會怎麼處理。醒來後的他，發現自己在重新經歷自殺那世時哭得非常傷心，他很訝異。

然而，為什麼會有那樣的一世？他為什麼會陷入重複同樣錯誤的迴圈？這個模式是怎麼產生的？我把他帶到更久遠之前，試圖找到答案。

他來到在沙漠的一世。有群遊牧民族帶著駱駝在沙漠中流浪，他們從一處流浪到另一處，在所到之處架設帳篷。他那世是非常美麗的年輕女子，她知道自己很性感。她會公開賣弄性感並挑逗團體裡的男人。她向他們施展魅力後又吊他們胃口，而且樂在其中。由於她做得太過火，最後害了自己；那些男子不再認為這很有趣。她被他們襲擊並強暴致死。因此在接下來的西部那世，他下意識地認為不對性方面有任何感受，並且不與人有任何接觸會比較安全。西部那世也是要讓他知道被拒絕的感受。由於那世自殺的業債，這個模式一直延續到現在這世。

他看到的這兩個前世，從一個極端發展到了另一個極端。為了克服這些影響，他必須找到折衷點。要做到的方法之一就是瞭解這一切是怎麼發生的，並且明白自殺不是解答。他這世曾經有好幾次想過自殺，還好在行動前停止了。我們不可能因自殺而逃掉任何事的。

★　★　★

唐娜是女同性戀，她想透過人工授精和伴侶有個孩子。她們首先用了唐娜弟弟的精子，這樣就有遺傳上的關聯，但這個男嬰是個死胎。她們再次嘗試時，用的是沒有血緣關係，但膚色和背景類似的捐贈者精子。這次的結果帶給她們一個女兒。

一切原本都很順利，直到在女孩大約八歲時，她和伴侶因爭吵鬧翻。她的伴侶（母親）帶走孩子，而且不讓唐娜和孩子接觸。這讓唐娜很痛心，她希望能知道是怎麼回事。

催眠時，她被告知她和這個小女孩在很多人世都曾在一起，她們之間有強大的愛。這次的分離有充分的原因，同時也是為了成長。當時間適當時，她們便會團聚。我問起死胎的那個小男嬰。「那是同一個靈魂。這跟捐贈精子的弟弟要學的課題有關。這個孩子本來就不是要有那些遺傳結構。你可以說那是一次『預演』，是為了孩子、唐娜和她的伴侶的排練。而從業的觀點來看，那是捐贈精子的唐娜弟弟需要的經歷，但進入這個小女孩身體的是同一個靈魂。」

由於遺傳基因不對，使用不同捐贈者的精子，在基因上會較適合。事實上，進入嬰兒身體的是同一個靈魂，因為它註定要進入那個家庭。我認為如果人們能夠瞭解這些，就不會再有那麼多傷悲。當一個家庭有嬰兒死去，不久後有另一個嬰兒出生，這往往是同一個靈魂，因為這個靈魂跟涉及的個體之間有所協議或合約。於此同時，所有相關者也能學到許多課題。

★ ★ ★

一位女子經歷了身為男性的前世。平淡的那世沒有什麼重要事件，除了他是被一群人殺死之外。他因深愛一位被認為不屬於他的階層的女子而被殺害。然而死亡並沒有扼殺這位男子感受到的愛和強烈情感。

個案醒來時說，她從未對任何人有過那麼、那麼深的感情和愛。那個感受太強了，男子死後並不想離開那個場景，不想離開那一世。他以靈魂的形式去了那位女子的住處，他看到她在哭泣。他用無形的手臂環抱她，試圖安慰她，雖然他知道她感覺不到他。最後，他知道自己不能留下來，於是朝向一道亮光往上飄升。隨著他離開那裡，他的感受也好了許多。他後來在靈界與議會見面，議會評估了他那一生，說他學到了非常寶貴和重要的一課。他在那世體驗了真愛，他接著必須為來世做準備，重新進入地球場景。他們給他看了三種不同的人生樣貌，他可以從中選擇他要體驗的下一個轉世。

他仍然想著失去的摯愛，希望能再次與她一起。他被告知，雖然一切都跟愛有關，但再次經歷同樣的關係並不會使他進步。他可以再次與她相聚，但是是以不同的角色。這就是輪迴的意義：轉換並扮演不同的角色，而且往往是跟同樣的人。於是我們一次次地回來地球，在每個接續的場景切換角色扮演。重要的是要記得，我們永遠不會失去那個曾有的愛。死亡無法將我們分離，愛只是以另一種形式存在，它永遠不會消失。無論必須經歷多少挑戰，愛都是最偉大和重要的課題。我們永遠會以某種形式重聚。

瞭解愛並體驗愛是最終極的課程。一旦我們理解這點，我們就能對每個人都懷有愛與慈悲，因為我們永遠不知道他們這次選擇了要扮演什麼角色。

★　★　★

在某次的催眠療程，我被告知我們的許多夢是來自潛意識的訊息。由於它們是以象徵形式傳遞，因此我們的意識很難理解。我的許多個案把他們的夢寫成好幾頁文字帶來，希望在催眠時得到解釋。潛意識總是說，一旦你把注意力專注在象徵上，就很容易理解。

就如夢是訊息，惡夢也是訊息。如果潛意識曾經試圖以許多不同的方式傳遞訊息，而當事人並不瞭解，潛意識就會試著透過惡夢以便更有效地傳遞。還有什麼方法比讓你感到害怕更能引起你的注意呢？如果夢令你恐懼，使你驚醒，你就一定會記得那個夢。夢裡的象徵在你的腦海裡記憶猶新，因此能研究得更深入。

★　★　★

以下的問題挑選自許多不同的催眠療程內容。

問：當身體死亡，究竟會發生什麼事？我的意思是，人死後緊接著會發生什麼事？

答：在我們人類的頭腦裡，我們相信我們將與其他靈體接觸，他們會引導我們走向那條我們認為能引導到上帝的道路。當我們還在身體裡的時候，我們會設定死後立即的體驗。這是很個人的。因人而異的體驗。

問：當身體死亡，靈魂要離開身體的時候，是否會有任何痛苦？

答：不會。在肉體真正死亡前不久，靈魂就已離開身體。我想到戰爭時的突然死亡。那樣的死會產生很大的困惑。還有其他突然的「意外」死亡也是。在因年老和疾病死亡的案例裡，靈魂會離開身體（譯注：在睡覺時）為死亡預作準備。

問：很多人告訴我，在嬰兒出生後，那個靈魂並不會一直待在身體裡。這個說法正確嗎？

答：靈魂知道受孕的時間，而且有可能「檢查」胎兒的進展。靈魂似乎是在出生當時或出生後不久進入身體的。由於和靈魂世界的聯繫非常緊密，它確實會「外出旅行」探視它熟悉的家。當靈魂選擇留在靈魂世界，就會發生嬰兒猝死的現象。這個現象的發生也可能是因為靈魂在新形成的肉體還沒能自行運作之前，就在靈界停留了過久的時間。看來為了維持肉體生命的運作，我們確實需要靈魂的力量與肉體合作。

問：你認為這個情形的發生……靈魂沒有及時回來……有時候是失誤嗎？

答：似乎沒有什麼是真正的「失誤」!!你要相信，如果你選擇回來，你就能回來。但看來你們也需要允許你們的意識有不那麼做的選擇（指不回來）。

問：我們不想做任何會導致危險的事。

答：危險……「危險」不一定意味著會永遠離開身體！

★　★　★

問：當嬰兒睡覺時，他／她的靈魂是否來回於靈界？

答：對嬰兒來說，那是最容易去靈界的時候。沒錯。這也會發生在老年人和病重的人身上。

問：他們在那些時候（指睡覺時）是在跟靈界商議事情嗎？

答：他們那時候就是在靈界。

★　★　★

問：你能解釋地獄嗎？

答：當你死亡時，你的人類心智相信你會到地獄裡被火燒，你死後的第一個經驗就是你的心智為你創造出來的。然而，這個經驗並不需要**持續**。雖然那**將**會是你**首先**看到的，但已不受軀殼束縛的你幾乎可立即在正面良善中成長（而離開地獄）。你所需要的只是認知到這點。但如果你**相信**自己死後會下**地獄**，那麼那就是你在死後將意識到的第一件事：**你**所創造出的地獄。

問：那麼並不必留在那裡？

答：不必，不必留在那裡。

問：那麼那些人要怎樣才能將自己從那樣的想法裡釋放？

答：至善，按照你們的語彙，我們會稱為「上帝」。看起來上帝能向每個人類的意識顯現，這是開啓開悟之門所必要的。開悟表示你知道你能用你的意識創造出你希望，你所渴望的任何事物，因為你有最偉大的力量與你同在。

問：我們是什麼？我們喜歡把自己想成是一個人格，一個個體。

答：我們都是上帝的一部分。

★　★　★

問：冥想和祈禱真的有很大的區別嗎？

答：有很大的區別。「祈禱」是有意識地引導能量。「冥想」則是對所進入的想法持開放態度。祈禱是引導，不是請求。祈禱是有意識地引導你的思想，而**思想**就是你的力量。

問：那麼祈禱是真的有力量了？

答：祈禱絕對是真實的，而且絕對有力量。

問：有些人的祈禱很空洞，只是形式。他們只是重複唸。真的沒有放任何力量到祈禱裡。

答：那是因為他們被自己對這個詞的定義給限制住了。

問：在一些教會，他們只是背誦，而背誦並沒有任何意義。

答：教會不是尋找真正的祈禱的理想地方。我們現在才在學習什麼是真正的祈禱。由於我們每個人都有比我們意識到的更大力量，當我們聚集一起並將我們的思想引向某個特定目標時，我們的力量就會大大增強。教會將大家聚集一起，以便形成一個可以倍增人們力量，實現更高善利益的地方的想法，是正確的。不幸的是，方向迷失了。

問：人們必須向某個存在或任何特定的人祈禱嗎？

答：祈禱的意思是「有意識的將你的想法朝向一個特定目標。」可以向負面方向，也可以朝正面祈禱。希望一直都是往正面方向。正面的力量是最大的力量。

問：不需要向一位神或別的存在體？

答：這就是人類搞砸的地方。這個力量是**全體**的力量。把它限制在**一個**存在體上並不正確。要對準在黏著劑（指黏著的力量）。

問：那麼人們並不需要以那樣的方式向某個神祈禱並要求幫助？

答：哦，不用！上帝並不是「一個人」或「一個存在體」。上帝，就如你們所說的上帝，祂是偉大的正面力量，是一切萬有的集體正面力量。稱上帝為「一個存在體」，尤其把上帝「人格化」是限制了這個概念。

問：人類很習慣把祂想成是一個較高階的人物／存在。

答：沒錯。這是你們最大的問題之一。

問：那麼當我們使用祈禱的力量，我們不把它導向任何一個人／存在。我們就是導向一個目標？

答：對。與至善（最大的善），與正面力量融合的目標。宇宙的黏著劑！這是適當的說法。

問：那麼為其他人的安全而祈禱呢？

答：你事實上在做的是祈禱正面力量意識到那個人。你是在祈求正面力量的覺察／意識。

問：可是向我們稱為上帝的「人物」祈禱並沒有害處，是嗎？

答：這只是限制了祂（這個概念）。

問：那麼天使呢？有些人向天使和聖人祈禱。

答：那些用語也是受限的。我們都是透過肉體的心智運作。然而，有很多概念是人類頭腦所不能理解的。受限的人腦對於「永遠」、「永恆」這些概念很難弄清或確實了解。所以如果以「天使、靈魂和神祇」來思考會對那個人（指祈禱者）有幫助，那麼那應該是讓人們更深入了解的工具。不該是終點。

問：我聽過好多理論。我聽過天使是世界被創造出來之後，從未離開上帝視線（the sight of God，意指不曾離開上帝身邊）的靈體或靈魂。

答：使用像上帝「視線」或「目光」的詞彙已經是在人格化那個力量了。那個力量能以人類心智所能接收的任何方式或形式顯現。這都是來自「上帝源頭」（God Source，編注：最初的創造者）。一切來自上帝。任何的負面事物都是人類編造出來的。

★　★　★

朵：你如何定義天使？

J：祂們為地球人類服務。我們是這樣定義祂們的，這是最籠統的說法。雖然天使有好幾個層級——我們用層級並不表示高級或低下。我們說的層級是祂們為人類提供服務的級別。這個團體致力於人類的福祉，幫助那些選擇轉世在這個地方的靈魂。

朵：我聽說天使是從未有過肉體的存在。這是真的嗎？（眞的。）祂們幫助那些同意成為肉身的靈魂。

J：沒錯。

★　★　★

問：在一天中的特定時間進行冥想會有幫助嗎？

答：是的。在日出前，當還不是白天，也還不是夜晚的時候，有一種寂靜、漆黑與平靜。整個地球都知道這個時間。大家都知道。動物和植物知道，風和水也知道。這是最理想、最優質、最容易和最好的冥想時間。——當然，對於正在工作的人來說，這不總是最方便的時間。

問：有第二個最理想的冥想時間嗎？

答：是的，清早的時候（編注：約早上五點到八點）。清早的任何時間都是好時間。另一個時間是太陽下山時。黃昏時分也有種寂靜，身為人類的我們也意識到了。那時候也是好時間。冥想並沒有不好的時間！一個人只要願意有紀律地冥想，**任何時間**都是好時間。

問：我們要如何才能確定在冥想時出現的是我們自己的想法，還是來自較高的層面？

答：這跟那個想法的情緒和感受的強度有關。在你腦海中出現和掠過的隨機想法，這些與過往、渴望、猜測、希望和夢想有關的事，**不會**有你的高我帶給你的想法的那種情感上的衝擊。感受是關鍵。如果你只是以文字或話語的方式想到答案而沒有感覺到情緒，那就需要謹慎想想了。感受是必要的，是不可少的。

★ ★ ★

詢問人類的諸多發明是否得到幫助。

答：人類能夠接收對某特定事物的需求，以及圍繞此一特定事物所產生的有意識想法。專注在問題的人，已開啓自己去**接收**並且確實**連接上**那個思想形態。然而，他們中的許多人並沒有意識到。……只因為他們長時間專注在那個問題上，並不意味他們有在冥想或祈禱。他們也許只是思考了很多。對這些人來說，創造或發明的想法可能來自他們的夢或靈光乍現。你們經常讀到發明家提到他們醒來時，問題的答案就在腦袋裡。這也解釋了為什麼在世界的不同地方，不同的人在大概同樣的時間裡，想出同樣的新發明。他們純粹只是連接上……接收到那個問題和一直圍繞著那個問題的解答。人類創造出問題與解答。

問：即使是從沒有人想到過的革新想法？因為有些發明超前了他們的時代。

答：那是因為你們是以線性的時間思考。真的並沒有「之前」這樣的事。一切都是同時存在。人類，以及他們有限的人類大腦，把事情按順序排列。這幾乎是人類能夠運作的唯一方式。如果人類沒有為自己編造出這些主觀上決定的架構，他們就會像是迷宮裡跑來跑去的老鼠。

關於預言。

答：看來一切都是機率／可能性。我們西方人似乎太陷在大綱概要或等級階層和分類事物，所以我們一定要衡量、定義和描述一切。於是我們創造了一個叫做「時間」的概念，我們又創造了一個概念叫做「日期」。人類把事物加上日期和時間是不準確的，因為事情不是那樣的。那只是我們人類試圖弄清事情的方式。那不準確。使用像「十月第二十六天」這樣的語彙是左腦試圖處理發生中的印象和事情的方法。它不是做出預測的最好方式。

問：你知道的，人類必須要有時間的框架。

答：他們是這樣認為的！（笑聲）

問：可是這會讓事情比較簡單。

答：這讓事情比較簡單，但也大大增加了人們對時間的同時性的困惑。

問：關於時間的同時性，這兩個哪個對？我們以十四世紀的歐洲來說。在我們的時代，我們有歷史書籍記載了發生在十四世紀歐洲的事件。時間的同時性是說十四世紀的歐洲仍繼續著，人們延續了十四世紀的生活，做著自己的事？還是說十四世紀在現在正在進行中？

答：有關總統會在選舉前因車禍喪生的說法並沒有發生在這個特定時間和地點。這不表示它沒有發生。這表示它沒有發生在**我們的**焦點（譯注：指我們意識專注的焦點，也就是這個實相）。十四世紀發生和正在發生的事，跟我們所知的這個焦點裡，總統沒有在車禍喪生的那個特別例子具有相同的機率。我們的歷史書寫的（只）是**一個焦點**。

問：其他**可能的**十四世紀現在也正在發生，是這個意思嗎？

答：是的，而且它們是受到我們現在所做、在未來和過去（可能）所做的事的影響，使用這些人類用語來說的話（指過去、現在、未來）。

問：十四世紀是否以某種方式被凍結或定格了，因此人們不會進展到十五世紀？

答：就說你是十四世紀的人吧。你並不是「一個」人。如果你站在一個地方往前看，然後把身體位置向右轉半英寸，你現在看到的焦點就不一樣了。只要把你的身體完整轉一圈，你就知道你可以有多少個不同的焦點。這就是同個時間、在任何地方、任何時候可以有多少個不同的可能性發生。這是人類很難瞭解的概念。

問：很難，因為我們知道身體確實是由嬰兒發展到老人。我無法瞭解沒有時間的概念。

答：你說的是你覺察的焦點，但你也知道有沒能長大成人的嬰兒。（對。）好，你那時看到的那個嬰兒剛好是那個焦點（譯注：意即實相，指在那個實相裡的那個嬰兒沒能長大）。那個同樣的嬰兒在另一個焦點能夠長大成人。

問：這就是我很難理解的地方，因為如果一切都是同時發生……我們都知道自己的身體在不同年是不一樣的。

答：你只知道一個焦點。我們現在當下的這個身體焦點。而在另一個焦點，朵洛莉絲．侃南可能是馬戲團的雜技演員！在夢中，你會覺察到一些你的其他焦點（譯注：

其他實相的你）。我們都是。我們的樣子不一樣，跟別人的關係也不一樣，但我們經常能在夢中認出自己。

問：對，他們說夢是有象徵性的。

答：你們的人生就是象徵性的。我們都活在象徵性裡。

問：有個說法是，我們在那個當下所專注的事，就是唯一看來真實的，這是真的嗎？

答：一點也沒錯。這就是為什麼人們可以在朵洛莉絲催眠時體驗到十四世紀的瑞典或任何地方的前世。完全正確。純粹只是因為轉換了焦點。

問：可是我在催眠工作看到一世如何影響另一世的模式，而且這個影響似乎是逐步發展的。

答：是的，在那個焦點，總是有個過程。

★ ★ ★

S：假設你有個創痛的經歷，如果你在十年後坐下來思考這個經歷，你經驗到的就是同時性的時間（simultaneous time）。你的心思在哪裡，那裡就是你正在體驗的時間框架。你對（那個）想法所投入的能量使你更能全然融入那個時間框架。

朵：當我做前世回溯的時候，會不會也是同樣情形？

S：類似。在人世意識方面，人們會比較喜歡照著一世接一世的模式。就像覆蓋物一樣，疊加上去。拿一張自我或靈魂的基礎圖。再拿一張上面畫上一隻襪子的透明紙。再拿張透明紙，把另一隻襪子放到上面，反覆這麼做，直到你的圖層與原始頁面完全吻合。如果你選擇一隻髒襪子，那是你的選擇。但你仍然有隻襪子。

朵：我們一直想瞭解有關前世回溯的一件事。如果前世的人格是在另一個國家，而他們的母語是另一種語言，為什麼他們會用英語跟我溝通？

S：他們使用的是這世的大腦迴路。自我會自動將資料轉譯為現在能夠理解的用語。

朵：有可能讓他們用當時的母語說話嗎？

S：如果個案完全融入那個過去世或與它同步……是有可能的。

朵：當他們轉譯或不論在做什麼的時候，有時他們並不知道常用的英語表達詞彙。

S：因為他們正在跟那個前世同步。可以這麼說，那兩世交融了，因此一些前世用語跟這世的用語混合，而兩世間的融合足以在那時建立一種幾乎令自我混淆的感覺。前世與現世是同步的，而且同步的程度足以覺察並瞭解那個前世。他們必須要能意識到那個時期，但是基本的大腦功能仍然是基於現世的語言和意識（譯注：指對事物的認識、了解或覺察仍是基於這一世）。

朵：但是陌生的字句和詞彙是有可能時不時滲入？

S：哦，沒錯，沒錯。

朵：還有音樂也是。他們能用當時的語言唱歌，我們覺得這很奇怪。所以這是可能的？

S：這是可能的。有什麼是不可能的呢？

★　★　★

以下是對通靈傳訊的一個解釋。

答：所有的通靈傳訊，那些傳遞訊息和接收、傳達訊息的人，都是彼此的面向。這就像電路板一樣，每個個體的生命或面向是那個電路板上的一個點。電流從一個點流到另一個點，但只有當那個特定的點或特定的電路打開，連結才會發生。對每個超靈來說，這會是個大尺寸的電路板。你們不僅僅是個別的電路，你們也透過彼此連結。為了連結並通往另一個電路，電路的模式必須一樣。作為一個個體自我的你，最大的重要性就在於如果你不允許這個連結／聯繫發生，那麼電路就會被你一人切斷。為了允許並充分體驗那個電路系統，單純的能量，也就是愛，是最重要的。所有關於在生活中提升意識並變得正面的想法，都可歸結為對自己的

愛。如果你沒有感覺到愛，你怎麼給出愛？你怎麼表達和給出你沒有的東西？這就是愛自己（自愛）的意義；稱它為自我價值，稱它為自尊，隨便你想怎麼稱它。它仍然是愛自己。我只不過是電路系統裡的一個連接點，我是傳導我的訊息的那個人的一個面向。

關於輪迴轉世。

★ ★ ★

問：如果一個人離開了這世，並相信他將輪迴轉世，他可以選擇轉世的時間和地點嗎？還是這不是他能掌控決定的？

S：一切都在你的掌控中。你完全控制你的人生。如果你覺得被某個國家或時間吸引，這麼說吧，靈魂會自動將那個渴望編入自我（亦即設定那個渴望）。然後才有後來的想法。「哦，我想在二〇〇二年的時候住在西藏。」這些是你的想法，這些想法就是你的設定。

問：你能回到西元前一萬年的一世，就像你前進到二〇〇一年一樣容易嗎？換句話說，如果時間是同時存在／同時發生，而我們以線性時間來思考的話，那麼你能在時間線上往後，就向往前一樣嗎？

S：當然。

問：這是怎麼做到的？

S：怎麼做到？它已經完成了。你所知道的世界，你所知道的實相，已經完全形成。它不是一片餅或仍等待放入內餡並烘烤的餅皮。它就是那整個餅了。你現在所在之處，只是你有意識的思想正好被引導到的地方。一切已然存在，但為了使事情不那麼混亂，而且由於這個實相的性質，你意識到的是現在。這不表示昨天沒有發生或從未發生，或是明天沒有發生或從未發生。它就是**現在**。你選擇把焦點放在哪裡，那裡就是你的時間，但一切（指現在、過去、未來）都存在。

問：假設有個人想回到一個特定的時期並改變歷史。那麼有可能從那個改變產生一個全新的未來嗎？

S：很棒的問題。是的，這是可能的。然而，首先要有堅強的信念，相信這可以做到。要能做到，需要完全覺察到意識、潛意識、超意識的經驗。這並不表示現在的歷史對當時參與的人來說會不一樣。它所做的是產生一個分支，在路上的一個「Y」；創造出一個不同的實相。但這不一定會改變此時此刻在這裡的人的實相（指現實狀況）。

問：所以那會是一個可能的實相？（對。）以前曾經發生過嗎？

S：所有一切發生在之前、之後、現在。為了有這樣的覺知能力，要有一定程度的……找不到更好的形容了……那個個體要達到一定程度的意識。這個個體看到並意識到，也明白生命的模式，並經歷社會事件。歷史也會意識到（靈魂）獲得的課題或覺察，以及靈魂們經歷特定事情的需要。可以說這些個體是順隨自然。他們會瞭解而且也對那些最理想、合適的模式有了瞭解。他們已經具有**接受**的意識。這樣清楚嗎？

問：不完全清楚。

★　★　★

問：我們選擇自己的出生日期嗎？

答：是的，你們選擇的。

問：即使某人是透過剖腹產出生？

答：他們選擇了一個覺得有必要進行剖腹產的母親。

問：為什麼出生日期很重要？

答：這個宇宙裡的一切會影響其他一切。

問：我們有個特定的目標嗎？

答：有。你們的內心深處知道這個目標是什麼。你們也正在為你們的目標努力，無論你們是否有意識地知道這個事實。要意識到那個目標是什麼，在於「想要」知道。聽起來很簡單。少想著向外，向他人尋求那一點點訊息，而是多透過學習信任自己，以便更能完全覺察並與你的內在調諧。透過冥想，透過所有適合自己的方法，你們會學到更多。而學習愛自己是最終（final）的目標。如果你想實現所有想做的事，那都會是來自「愛自己」的能力。

★ ★ ★

問：你說的「最終」是什麼意思？

答：最終，終極（ultimate）。這就是這個實相，這個存在，這個地球人類經驗的意義：學習**愛自己**。這是能增加、擴展……是這個實相會需要，而且確實需要並能因此茁壯和成長的方式：**愛自己**。這就是身為人類的意義。

問：你似乎在暗示一旦實現了這點，我們就會到別的實相。這是你的意思嗎？

答：難道沒有別的實相嗎？（有。）你認為你們被限制在這個實相裡嗎？

問：那你就不能稱它是最終的。

答：不是最終的，不是。是首要目標。這是目的——目的……就是這個字……人類實相的目的（指愛自己）。

問：要學習愛自己大概需要多少次人世？

答：多少次？我們希望不要太多，但從長遠來看，這重要嗎？

問：這個特定的實相究竟是怎麼偏離了軌道，以致我們被教導愛自己是不可以的？

答：你們自己選擇的。

★　★　★

關於雙胞胎的問題。

S：這是出於愛而與另一個靈魂所做的決定。在實體層面上，你們（指雙胞胎）不可能再接近了。因為你們有相同的DNA，而且你們的想法主要是以相同的方式運作。當然了，不是同一個想法，但（思考）過程是如此相似。（思考）架構已經有了，不需填寫所有的空格，因為你們知道是怎麼回事。與其獨自回來地球，他們想和所愛的人一起回來。而且面對的是困難的時期，他們需要這類陪伴，因為這會是忠實穩定的。在困難的生活裡並沒有多少穩定不變的人事。

在我某次催眠課的示範課堂中，那位學員想知道有關她已故雙胞胎的事。潛意識說另一個雙胞胎已經完成她應該做的事，「她做了她的功課，她離開的時候到了。」話說來容易，但還是無法讓悲傷的心感覺好過。「她的死亡讓她很痛。她會傷心很久。雙胞胎之間就像是有條金線連結，如果你能想像的話，一條非常細的金線連結著他們。即使死去——或你們所說的『死亡』——這條線也不會完全被切斷。因此他們將**永遠**是彼此的一部分。」

幾年前我發現一個關於連體雙胞胎的解釋。假設有兩個靈魂在靈界要準備返回地球學校，他們在討論與對方的合約。他們很愛彼此，也一起度過很多很多人世。也許在他們先前那世發生了令人傷痛的事。現在，其中一位說：「我們再也不要分開了！」一個簡單的要求產生了沒有料到的後果。很合邏輯的一個說法。

我的一位個案想知道跟她出生相關的問題。她是三胞胎之一。其中一個生下來就死了，第二個則有精神疾病，必須在療養機構度過一生，第三個就是這位個案。她想知道為何如此。

潛意識說，第一個三胞胎在出生時改變了心意，決定不在那時候出生，這導致死胎的發生。第二個三胞胎在兩、三個月大的時候，決定透過精神上的障礙可以學到更多，於是發展出精神上的問題。個案的母親曾說，那個小嬰兒在兩、三個月大時都很正常，後來突然有狀況發生。醫生們不同意這個說法，他們說這種病向來是從出生就存在了，不是後來發展出來的。我認為我透過催眠所找到的解釋更有道理，因為靈魂可以控制它所棲居的身體。

★ ★ ★

平行人生

朵：如果我們每個人同時生活在不同的存在層面，這就是所稱的平行人生嗎？

答：沒有錯。就這個意義而言，你們每一個人，在你們人生的這個點上，也就是你們意識的精確位置，只是你們真正的完整自我的面向之一。你們全部的意識，遠遠超出你們在這個層次所能涵括或想像的任何事物。因此，隨著你們意識的增長，隨著你們拓展靈性階梯的實相，你們發現你們的意識與其他個體的意識重疊是可以想見的。因此在終極的層面，你們的確是在一切都是一體的上帝層面。你在你這個層面的意識，只是那個整體靈性意識所延展或專注的一個微小的點。由此可見，在不同的層面上，你的意識確實會與其他人的意識重疊。最終，所有一切，萬物都是一體。也因此，所有生命最終都是同時發生，同時存在的。

朵：你之前說我們只是自己冰山的一角。

答：沒有錯。

★　★　★

S：彩虹是要提醒我們能量和創造的顏色。提醒我們，有很多東西是無法用人類肉眼看到的。創造的顏色超越了人類視覺所見，那是完全不同層次的顏色。彩虹提醒我們，曾經有段時間，我們在另一個領域被這個能量圍繞著。這是對家的記憶，提醒我們愛的能量。這個小提醒讓我們知道，顏色的光譜並不僅僅是我們以肉眼所能看到的範圍。彩虹就是對家的記憶。

S：我想我們應該銘記在心，當我們其中一人打開心扉，我們所有人的內在有些東西也被開啓了。我們是相連的。我們是一個整體。我們不是個別、獨立存在的組件。我們有各自的性格，但從全局的層面來看，我們是相連的。我們應該提醒自己，我們都是一體，而且我們最初是靈性的存在體。

★　★　★

有位女子的好幾個前世都是早逝。潛意識解釋：「她已學到許多她需要學習的事，繼續下去並沒有意義。」她在這一世活得比前幾世都長。「她這次花了較久的時間來學習課題。她忘了她必須心甘情願地放下這個身體。你們總是會預先安排好離開身體的方式。必須有個退出（身體）的方式，而且它可以是你選擇的任何方式。無論是疾病還是意外事故，只要符合靈魂的學習經驗。而當到了出場（死亡）的時候，這個人決定離開並心甘情願地走。沒有任何人可以為他們做這個決定。」

★　★　★

S：人群裡有很多混雜的能量。在走進人群前，你們必須小心，要有保護措施（譯注：譬如觀想白光圍繞）。有時候人群的能量會纏著你。如果有這樣的情形，它會令你疲憊。你會感覺非常疲倦。有許多人渴求能量，因為他們的振動不夠高，產生不了好品質的能量，因此當他們發現和感覺到具有高振動的某人時，他們會抓住並使用那個能量。這些人就像（能量）吸盤。

我曾聽過他們被稱為「精神上的吸血鬼」（也就是能量吸血鬼）。這是個負面的詞，但意思是一樣的。這些人不是有意識這麼做，但他們確實在吸取能量。「你們必須保護自己，甚至是去逛街購物的時候；只要去的地方有一大群人。對你們來說，保持能量在最高層次非常重要。你們的身體是有智慧的。傾聽你的身體。定期與它說話。身體喜歡你跟它說話。它喜歡被認可和讚賞。鎂對身體非常重要。由於你們釋放出許多能量，鎂會幫助你們較容易吸收更多能量到身體。」

★ ★ ★

有位個案來到我的辦公室，她其實沒有什麼迫切的問題，她也不怎麼關心前世的事。在談話的過程中，可以明顯知道她姐姐的死亡仍對她有很大的影響。雖然她是在嚴格的教會環境下長大，她並不確定死後是否仍有生命。她姐姐去世已近一年，她大多的時間仍然在想念、哭泣和哀傷。

開始催眠時，我以為會像平時那樣進展。因此如果她發現她和她姐姐在過去世曾在一起，我並不會訝異。然而，她卻立刻來到一個美麗的花園。那裡有色彩鮮豔的花朵，空氣中瀰漫著美妙的音樂。我從描述中知道，她很可能不是在地球的環境。

當我問她是否能看到任何人時，她看到她姐姐穿過花叢朝她走來。姐姐穿著一件長袍，看起來很美，而且容光煥發。她們握著彼此的手，姐姐很感慨地對她說：「讓我走吧！你看到了，我很好！」

「發生了什麼事？我們以為你會好起來，但你卻走了。」

她姐姐回答：「我該走的時候到了。我已經完成了我在這世要做的一切，是時候離開了。」接著說，在離開這個美麗的地方之前，她要個案見見別人。然後她們的父母出現了，看起來健康、年輕和開心。他們告訴個案：「你可以看到我們都很好。這裡好美。沒什麼好悲傷的。當你的時間到了，你也會來這裡，我們都會在這裡等你。」

懷疑論者可能會說，這個催眠只是因為她的悲傷而實現或滿足的願望。但是否如此真的重要嗎？我做了夠多的催眠，我知道這是真實的。與家人相會是給她的禮物，這樣她就能回到正常的生活。我被告知，悲傷只會拖住已離開人世的靈魂，妨礙靈魂走向它該去的地方。悲傷是自私的行為，因為我們只是在為自己哀傷，為我們的失去影響了我們的生活而哀傷。我們失去的親人摯愛並不會受到同樣影響。他們活了他們的一生，找到離開的方式，因為時候到了。他們現在必須繼續走自己的路。回到「家」的他們是非常開心的。

第二篇

非人類身體裡的生命

第三章 其他生命形式

當輪迴的話題被提起時，仍然會有人說：「你的意思是，我曾經活過？這是不可能的！這個是我唯一的身體，我唯一有過的生命。這才是唯一真實的。」這些是尚未開始邁出他們的小一步，進入這個迷人的未知世界的人們反應。還有一類人，當他們（透過催眠回溯或不論什麼方法）發現自己在這世之前還有過另一世，他們感到非常震驚。震驚是因為這威脅到他們的信仰。這引發了他們思考。

通常當一個人剛開始探索時，潛意識會很明智地只給他們能負荷的資料。他們看到的往往是沉悶、無聊、平凡的一世。我稱為「挖馬鈴薯的生活」。這些生活通常沒有什麼創痛或戲劇性的事件，因為他們還沒有準備好處理那樣的事。然而，他們會發現，他們看到的那世為他們解答了問題，通常是跟家庭關係等等有關。我處理過的成千上萬個前世內容不僅可寫一本書，而是好幾本了。這樣的催眠變得很平常，對作者的我來說沒什麼重要，只對個案有治療上的益處。因此我只寫那些我認為會透過它們的療癒價值幫助我們更深入認識輪迴，拓展我們對輪迴轉世知識的案例。

我做過的許多案例都有日期、名字和地點可供那些好奇者研究，確認其真實性。有些人需要這樣的查證來「證明」他們在催眠狀態下的經歷。我告訴他們，如果他們需要，歡迎查核這些案例。我個人則不再需要這樣的驗證。我毫無懷疑地知道，輪迴是真實的。我知道並完全相信它有著所有答案，尤其是那些被教會貼上「無法解釋」標籤的問題。

我發掘的前世會有百分之九十是簡單而平凡的人生，這是有道理的。因為這個世界就是這樣。這就是我們的生活。這個世上的普通人遠遠多過了名字會出現在報上的少數人。當一個人發現他至少有過另一次的生命經驗時，這必定會令他思考。有些人把這樣的事當作不可能，然後回到他們的正常生活，回到那些安全、被接受的信仰。這完全沒問題。我並不是要來改變任何人的信仰或所相信的事。我的工作是呈現我所發現的東西，然後讓讀者自己決定。

也有一些人已經發現：現在這世確實不是全部。於是他們想進一步探索。他們必須小心，不要被可能發現的東西所震撼而不知所措，因為他們的生活將再也不同。有人說，一旦我們知道了某件事，就無法像是不曾知道一樣。如果他們對自己曾在地球生活過感到驚訝，那麼想像一下，當他們發現這只是探索的開始，只是冰山一角時，這會對他們造成什麼影響。我進行這個實驗已經超過四十年了，我的信仰也無可避免地經歷了類似變化。而隨著我的努力，我已經開啟通往無限可能性的閘門。前世的多樣性只被想像力所限制，而我現在收到的某些資料便令人難以想像和理解。這就是我寫《迴旋宇宙》系列的目的。我很早就離開了平凡的世界，而我的讀者們告訴我，他們已經準備好跟我一起擴展心智。探索的旅程於焉展開。

地球只是我們來到的學校之一，我們來這裡學習課題並獲得生活經驗和資料。你可以在地球上有過上百上千世，而且也在其他星球和其他次元生活過。我在本系列的前兩本書（《迴旋宇宙》1和2）已經探討了這點。我也將在本書繼續提供案例，進一步挑戰和擴展讀者的思維。

總之，我發現人類的肉體只是靈魂可以採用的形式之一。大多數人認為肉體是他們唯一能呈現的方式，他們不明白他們並不是身體，而是**有**一個身體。這個身體只是我們現在所穿的一套「衣服」。就像所有的衣服一樣，無論我們有多喜歡，它們最終都會磨損，不得不被丟棄。接著，我們只要再找另一套衣服……另一套我們在宇宙生命戲劇裡將要扮演的下一個角色所穿的戲服。但為什麼下一套服裝應該是人類的身體？為什麼不能是動物、植物或無生命的物體？誰能說這些東西沒有生命？所有的生命都與體驗和學習有關。誰能說你不能從當一塊石頭或一隻狗學到一些東西？這只是意味你必須對生命的定義抱持更開放的態度。有人曾這麼說：「我可以接受我曾經有過人類前世的概念。但我曾經是隻動物？不行，我沒辦法相信。」

我在工作中發現，在完成我們的學習和課題之前，我們必須以各種形式體驗生命裡的一切。在回到創造者或上帝或源頭身邊之前，我們必須知道在每一個可能處境的情況和感受。接下來的幾章會有更多有關我們離開源頭後的旅程，以及如何才能回到源頭。在這個章節，我將提出一些我的催眠案例，在這些案例當中，當事人並沒有進入典型地球生命的典型人類身體。然而，我認為這會讓大家知道，存在於這些其他生命載具裡（即使是短時間）所能學到的重要課題。這會讓我們知道如何才能從人世學校畢業。請小心！你們所相信的一切必然會受到挑戰，思想也必然會受到衝擊。希望你們的心智能飛快開啟並開始像海綿一樣地吸收。

那些來我的辦公室，還有在我到世界各地的旅途中找我，希望做前世治療的人，都是來自各行各業的普通人。看著他們，你永遠不會知道他們的生命史會是如何。這點很重要。他們在這裡是為了在這個繁忙的世界儘可能地過正常生活。那些其他記憶隱藏在他們潛意識的電腦紀錄裡，只有在潛意識認為適當時才會釋出。

我在催眠時，總是會先帶當事人經歷適當的前世，我們通常可以在那些前世找到他們問題的答案。接著我召喚潛意識回答我們剩下的任何問題。我問的第一個問題總是，「為什麼潛意識選擇讓個案看到這個特定的一世？」潛意識的邏輯遠遠超越我們，它的解釋通常是我們用非常有限的人類邏輯永遠想不到的。然而，這一切都安排好了，而且很有道理。所以這也會是我在書裡敘述案例時將依循的過程。我想讀者在閱讀時應當會跟我帶領當事人經歷前世時一樣感到困惑，直到潛意識揭示答案。這是為什麼我這麼喜歡這個工作。我是在跟一個極其強大的知識來源合作，它具有難以想像的巨大能力。然而你會注意到，它的答案向來一樣，並且使用同樣的專門用語。因此我總是知道我是在跟宇宙的同一個部分說話。這個部分透過每個跟我合作的人出現。我完全不懷疑我是在跟誰或什麼溝通。我對它已經非常熟悉，就像是跟一位老朋友講電話一樣。

不同動物的一生

當溫蒂進入這一世時，她非常困惑，她敘述某件她難以理解的事。「我在水面上。我是很小很小的東西，我在這片漂浮於水面的葉子上。這根本沒道理啊。」

朵：我們就來談談吧。你說很小很小的東西是什麼意思？

溫：我不知道。我就是這麼小，葉子非常巨大。我就是漂浮著。我知道我是活的。我有意識。水是平靜的，清澈的。看起來像玻璃。

朵：如果你往上面看，你能看到別的東西嗎？

溫：一棵樹。一棵沿著水邊生長的樹，樹幹看起來凹凸不平。一半的根在水裡，一半的根在土地。我不知道我在這裡做什麼。我只看到水、樹和葉子。

朵：你能夠意識到你自己。

溫：（很突然地說）是蟲！是黃色的蟲，很肥。它很小，但很肥。我希望我有手臂，可是我沒有。我有腿，很粗很短。我被困在這片葉子上。我能做的似乎只是蠕動身體。我不能離開這片葉子，因為我不會游泳。可是我也不想留在這裡。很危險。我想隨便一隻鳥就可以捉到我。

朵：你認為你是怎麼會到水裡的？

溫：我從樹上掉下來。我原本在樹葉上。我想我選錯了葉子。

朵：哦！這樣的經驗一定很不一樣。因為你通常會避開水面，不是嗎？（嗯。）你在樹上的時候都吃什麼？

溫：葉子。

朵：哦！好吃嗎？

溫：就是我吃的東西。這個生命（指蠕蟲）好像不怎麼重要。

朵：你怎麼吃葉子的？

溫：就用嘴，當我用我那粗短的小腳爬來爬去時，我感到很受限。——哦！我現在漂走了。好像有股水流……前面的水流很急……有個瀑布。看起來像大瀑布，但不是，只是因為我很小。我順著洶湧的水流往下，葉子邊邊都捲起來了。我們前進得好快。哦！我快要被水吸下去了。……但在我們往下沉時，好像有個氣泡在我和葉子的四周形成。這個氣泡一下高一下低，上上下下的。這真好笑！上上下下，上上下下。這樣我就不會淹死了。——然後我終於被捲到一個比較平靜的池水。陽光好燦爛。我現在就躺在這片葉子上。

朵：你剛剛經歷了一場大冒險。

溫：很嚇人。

朵：你現在要做什麼呢？

溫：就這樣仰躺著，因為我不會游泳。

她會淹死嗎？還是會有隻鳥看到她，把她從樹葉上抓下來？

朵：我們濃縮時間看看怎麼回事。後來怎麼了？

溫：葉子終於漂過水面，掛在岸邊。於是我能爬回草地。因為岸邊有點懸在水面上，我可以從下面爬上來，然後再回到上面的草地。

朵：我相信從水裡出來的感覺一定很好。

溫：確實很好。我不想再去水裡了。我要去加入跟我一樣的同類了。牠們很高興與我沒事。這就像一個聚會。

朵：牠們認得你？

溫：牠們認得。

朵：你在告訴牠們發生了什麼事嗎？

溫：對。牠們說其他隻就沒那麼幸運了。

有人可能會想，另一群蠕蟲是怎麼認識牠的，因為牠們顯然被隔開了一段距離，而這段距離對於一隻小蠕蟲來說是難以橫越的。

我在早期的催眠工作中發現，動植物所屬的靈魂群體型態跟人類的並不相同，這點我在《死生之間》裡說過。人類像是作為個體行動，而植物與動物則是因共同的關聯同屬一個群體靈魂，在一個更微妙的層面上互動。

有一天，我正好開車在鄉間路上，看到的景象令我更清楚瞭解這點。我當時看到一大群鳥從樹上飛離後，立刻聚成一團，在空中飛旋和轉圈。牠們每一個都是獨立的生命，然而牠們就像是以一**個**智慧，一**個**意識，在跟一個心智互動。這個比喻也很適合用在「源頭」的概念，我會在後面說明這點。我們是一體的，而我們也是那個整體的一部分。我們從未分離。

我接著將溫蒂帶到另一個情況發生的時候。要知道怎麼措辭並不容易，因為我通常是把個案帶到一個重要的日子，但對一隻蟲來說，什麼是重要的日子呢？當然，沒有什麼比這個可憐的小東西剛剛的經歷更戲劇性的了。我詢問她在做什麼。

溫：我剛翻了個身。我不像以前那麼胖了。而且我的身體有點乾癟。我快要死了。我只是老了，快要死了。附近沒人。看起來我的身體就這樣乾掉，然後我就死了！（輕吐了口氣）！我很高興結束了！

朵：（笑）這是個奇怪的故事，不是嗎？

溫：當個昆蟲太奇怪了。

朵：（笑）可是每次的生命都有個課題，有它的目的。你認為你從那樣的事情裡學到了什麼？

溫：我知道我覺得受到很大的束縛。而且覺得脆弱。現在我自由了。我離開了那個受限的身體，就這樣離開了！哦，我很高興結束了！

當我跟溫蒂的潛意識聯繫時，我問它為什麼選擇給她看這個不尋常的生命。

溫：為了說明你可以是任何造物，甚至是隻低等的蠕蟲。你認為體驗一隻低等蠕蟲的生命並沒有課題；她學到的課題之一是侷限、限制，但即使是隻低等的蠕蟲也屬於某個群體意識。這樣的經驗並非沒有目的的。

朵：對，這讓我們知道所有一切都是活躍有生氣的。

溫：比蠕蟲還小的東西也是。

朵：我想我的催眠經驗裡從沒有過比蟲還小的案例。我催眠過一些像空氣，還有泥土、石頭的案例。

溫：是的。她應該慶幸不是給她看石頭的一生。蟲可是比石頭自由多了。

朵：這倒是真的。它們說當你是塊石頭時，那是非常緩慢和遲鈍乏味的一生。

溫：而且受限。

★ ★ ★

二〇〇五至二〇〇六年期間，我在亨茨維爾市（Huntsville）的辦公室做了許多內容跟轉世為動物有關的催眠。我並沒有留下這些錄音的備份，我是在個案離開後做筆記，這樣我就會記得。作為一名記錄和報告者，我有永不滿足的好奇心，我總是想知道一切的一切。這是為什麼我會問這麼多問題。

在人類重溫動物生命的案例裡，我會想知道身為動物是什麼情形。牠們有怎樣的感覺？牠們是如何生活？牠們的視覺怎麼運作？我問很多的問題，我在寫這本書時也試著從筆記裡重新找回一些答案。

桃樂絲來到了身為老鷹的一世。那是很有力量的身體，她非常喜歡。身為老鷹，最令人驚訝的是她所有的能量都集中在眼睛，專注在能看到的東西上頭。她在鳥巢邊休息，俯瞰著覆蓋白雪的山區，她可以非常清楚地看到每個微小細節。她說當眺望遠處風景時，那些色彩是你所能想像得到最鮮明濃烈的，陰影則非常黑。色彩和陰影之間涇渭分明，跟人類所看到的很不一樣。她接著看到地面上有動靜——一隻兔子，然後她的視力有了變化。她就像是透過一個紅外線場在看那個移動中的物體。淡紅色的，彷彿她看到是那個動物的能量，而不是動物本身。當動物移動時，她能透過紅外線場看到動物的能量來追蹤行跡。當在尋找食物或不論看到任何動靜時，她的視力方式就會來回切換。

晚上時，平常的視覺因黑暗而中斷，但只要有需要，另一種視覺便會出現。她一樣會看到動物的能量場，只是晚上的時候會像深藍綠色，因此看到的動態不是像紅外線，而是帶藍綠色的光。這讓我想起有些士兵使用的夜視鏡。我認為他們透過夜視鏡看到的是人體的能量。這很可能跟電影裡的機器人或是不同的生命形態，看到人類能量場的情形類似。他們接收到的人類熱能或能量總是呈現為偏綠或偏紅。顯然這就是老鷹「看」的方式。牠們的眼睛在兩種觀看方式之間來回切換。而作為老鷹的最強烈感覺就是所有能量都集中在牠的視覺。我猜想，其他夜間活動的鳥類，像是貓頭鷹，也有類似的視覺。

★　★　★

另一個案例的女子經歷了一系列不同的動植物生命。其中一個在她剛進入時很難識別。

S：我在一個像是泡泡的東西裡。我不喜歡，因為我被壓扁了。壓扁了。就是個泡泡。

這裡好窄小，好侷促。

這很令人困惑。她在哪裡？她是什麼？

S：因為我是在這個泡泡裡，沒有空間移動。很難移動。我都縮在一起了，而且……是個在飄的泡泡。一點都不舒服。我喜歡自由。在這個小泡泡裡不是很自由。我必須離開這個泡泡。

由於這造成不適，我把她帶到她離開了泡泡的時候，並請她說明她看到什麼。

S：阿米巴原蟲？我是在水裡嗎？我從一個水袋出來了。我可以呼吸，可是我現在在水裡。——是個生物。而且我可以在水裡漂浮。

朵：什麼樣的生物？

S：黏糊糊的。（停頓）很難解釋這個身體。就好像如果你用腳趾連成一個圓圈，那是你的延伸，而你是中間的部分。你是身體。好奇怪！橢圓形的身體……是蝌蚪嗎？有可能是蝌蚪！哦！我是青蛙！因為身上冒出這些波浪狀的東西，但看起來還是黏黏的長形體……然後我發育成可以跳進湖裡……看起來……我會說是青蛙。那些看來像腳趾的小東西是我的腿！還有頭。——所以我現在可以在水裡呼吸，離開水也能呼吸了。我喜歡在這裡。這是個好地方。這個選擇不錯。轉型。我喜歡。

朵：當你往四處看時，你看到什麼？

S：水裡的小蟲。我現在浮出水面……我在吃那些小蟲。在牠們飛過時吃牠們。還不錯，但很無聊。跟我想的不一樣。我想要離開當別的東西。……我現在看到顏色……紅色……白色。紅色和白色是一朵花的部分。你知道那種外面是淺色，然後越往裡面，顏色越來越深？那就是我。我就是那朵花。我喜歡嘗試（各種事物）。而且我是彩色的光，所以我可以改變顏色。我決定要當一朵花，因為花有很多色調。

朵：當一朵花是什麼感覺？

S：擴張。擴展。成長。美麗。柔軟。真的好美。可是……你就死了，因為花活得不久。我只是想試看看，知道是怎麼回事。當花還沒凋落時，一切都很好。

看來這些奇怪的生命很多都很短暫，它們只是為了讓靈魂有所體驗。

★ ★ ★

我發現有些昆蟲是最有趣的動物生命。我有位個案在催眠狀態下經歷了蜘蛛的一生，她描述蜘蛛的視覺。如你們所知，蜘蛛有好幾個眼睛，而在我們的邏輯裡，我們會認為要用上全部的眼睛並不容易。我發現，牠們並不是同時用上全部的眼睛。這些眼睛之間有間隔，但不會產生混淆，就像是看著許多電視螢幕顯示同一個影像一樣。

蜘蛛把所有的眼睛感知為一個，雖然那是由很多部分組成。當蜘蛛透過其中一隻眼睛看到動作，牠會專注在那個眼睛上，不會用到其它眼睛，除非在那個區域感覺到了什麼。牠會專注在感興趣或有動態的部分。我們人類從眼角餘光所看到的東西有限，但蜘蛛可以聚焦並看到整個畫面，甚至周邊的動靜。

另一位女子回溯到身為蒼蠅的一生，也是同樣情形。蒼蠅的眼睛也是多面性，也跟許多電視螢幕顯示同一個影像類似。蒼蠅專注在有動靜而且是牠們需要的（視覺）區域。個案說：「不然就會是一堆混亂的資訊。我選擇我想要的，不去理會別的。」多聰明啊！

這些生物能夠看到的範圍顯然比我們人類能看到的更廣泛和細節。這一切都使我更加欣賞和尊重各種形式的生命，並認識到萬事萬物都有生命的火花。

★　★　★

另一位個案也有這類不同形態生命的體驗，她體驗了小鯨魚的一生。起初她不知道自己在哪裡。她從雲端下來後就在水裡，然後她到了水面下，她看到一個鰭，但不確定自己是魚還是海豹，或者類似的生物。因此當她潛到水裡時，我問她能否在水裡呼吸？她說不能很久，她必須回到水面。所以她必然是某種哺乳類動物。

後來她終於看到自己是條鯨魚。她喜歡在大海裡游來游去，吃別的魚。在催眠過程中，她看到一艘小漁船。她不知道那是什麼，因為她從未見過。她游到船底下，再從船的另一邊出來。就在她繞著船游著游著，想要弄清楚那是什麼的時候，她感到一股恐懼。她決定游走並遠離那艘船。她以為他們沒有看到她，但他們看到了。

她突然感到一陣痛，從描述聽來，很可能是魚叉。她不停地說：「他們刺我！為什麼他們要這麼做？我沒有傷害任何人。我只是在做自己的事，到處游來游去。他們為什麼要傷害我？」接著她描述被拖，被拉走。他們用漁網和繩索圍住她，把她帶回一艘較大的船。當他們終於上岸時，她被吊了起來，他們開始剖開她。她哭了，決定不再看下去。

她來催眠的原因之一是要找出身體問題的源由。她的背痛導致雙臂和雙手麻木。

她會在晚上醒來很多次，而且雙手沒有感覺。這也影響了她的工作，因為雙手發麻讓她很難抓住東西。當我們與潛意識交談時，它解釋這是由那世所造成。當漁夫們剖開鯨魚，砍斷牠的脊椎骨時，鯨魚還是活著的。我猜想這個事件的傷害以脆弱感的形式帶到了這世，影響了背部以及雙手和雙臂的神經。我原本以為這也會影響到腿部，但在這個案例並沒有發生。透過催眠時的這個奇怪解釋，身體的問題得以解決，因為它並不屬於這一世。這是身體記得創傷性死亡的又一個案例。

個案之所以看到那世，是因為這樣她就會知道她曾有過非常快樂的時光。她那時是自由的，她可以做任何想做的事，雖然那世的結局並不好。重要的是，她必須知道，她可以在現在這世再次體驗到那個自由自在的感覺。

★ ★ ★

一位女子回溯到身為長頸鹿的一生，她感到很有威嚴很高貴，因為她的視角比所有人來得高。催眠之後的幾天，她都覺得自己像是踩高蹺在走路一樣。

在這次催眠之後，我在我每週固定的廣播節目訪問了一位女性來賓，她是動物溝通師。她談到她如何與動物溝通，尤其是她的貓；牠會告訴她所有她想知道的事。（從動物那裡接收答案跟從指導靈那裡得到答案，兩者間有明顯不同）。這位動物溝通師詢問貓的問題之一（正是我會問的那類問題）：「貓是如何感知人類？」她知道狗大多是透過嗅覺來感知一切，但她想知道貓是如何感知人類。她得知：「起初我們看到的是能量旋轉的顏色，然後才聚焦成一種形體。」這帶出了個想法——如果貓是先看到能量，這就能解釋為什麼貓能看見鬼魂和我們人類看不到的東西了。貓看到的是存在體或不論什麼的能量，牠不是非得要看到形體。

我很能認同這個說法，因為我對貓的獨特感知能力有過親身體驗。六〇年代越戰期間，我的先生在美國海軍服役，我們家當時是在密蘇里州聖路易斯市塔林公園（Tower grove park）正對面的一棟兩層樓房。街上所有的房子看起來都很相似。我和孩子們很快就發現這間房子鬧鬼。鬧鬼現象主要發生在二樓，那裡的燈會自動亮滅，門會自動開開關關，晚上則是聽到響亮的腳步聲在樓梯上下奔跑。由於經濟因素，我們沒有選擇，只能繼續住在那裡，直到我先生回來。因此我和孩子們都已習慣了這個隱形房客，並給他取名「喬治」。然而，最令人不安的是我們的暹羅貓「靴子」的行為。每當孩子們上床睡覺後，我會想在樓下客廳看看電視，放鬆一下。但大多數的晚上，「靴子」會坐在樓梯下方，往上凝視二樓。當牠坐在那兒時，牠的尾巴會來回甩動。貓在看東西時就是那樣。牠會在那裡坐上很長的時間，目不轉睛，豎耳聆聽，搖擺著尾巴，注視著某個我無法看見的東西。我通常會無奈地說：「靴子，你為什麼不去抓老鼠呢！」當時我認為所有的動物很可能都能看到我們看不見的東西，但現在這個解釋聽起來更合理可信了。貓對能量的感知敏銳許多，因此牠們也能看到鬼魂能量的說法很有道理。看到鬼魂大概讓「靴子」很困惑，因為牠不明白那個能量到底是什麼。

★　★　★

我有許多個案體驗過花朵、玉米和石頭的一生。石頭的一生非常緩……慢……。那些讀過我其他書的讀者應會記得我曾在《星辰遺產》寫過我催眠到的第一個非人類生命案例。

一位男子想回到他在地球上的第一世。我很自然地認為他會回到穴居人或類似的生活。然而，他卻回到地球還沒有生命的時候。那時大地還不穩定，火山噴發各種氣體和化學物質到空中。地球的溫度尚未降到可以孕育和支持生命的程度。這位個案把自己（和許多其他存在）視為大氣層的一部分。換句話說，他是空氣。這對那個階段的我來說很難理解，因為我還不知道萬物都是有生氣的事實。我心想，他是種化學物質，一個元素，而他仍然具有智慧。他能意識到自己和自己的功能，而且與我溝通。他當時的工作是幫助過濾空氣裡的危險化學物質（尤其是氨），以便地球在開始創造生命時，「原始湯」裡出現的生命能夠存活。

當他沒執行工作時，他會穿梭於流動的熔岩，只為了知道那是什麼樣的感覺。我隨著他的發展，從他是空氣的那個狀態跟進到各種生命形態（植物和海洋生物）開始出現。這一切進程要花上億萬年的時間。

在這次的催眠經驗之後，我對個案告訴我的任何事都抱持開放的態度。這個經驗告訴我，任何形式的生命都是可能的。

★　★　★

我於二〇〇三年開始在阿肯色州的辦公室為個案催眠後，也有過一個類似案例。當個案看到畫面時，他發現自己在一個非常黑暗的貧瘠星球，而且有東西從地面下突出來。那些東西比岩石多很多稜角，鋒利的尖角突起而且邊緣尖銳。他知道自己是在一個黑色的星球，那裡沒有光，也沒有任何東西生長。他沒有身體。他似乎是星球的一部分，主要是屬於地表。後來，他到了地表下，感覺地表就像是個外殼，覆蓋著裡面的東西。他不知道要怎麼描述眼前所見。有尖尖的、非常大的東西在地底下生長，看起來就跟地表上尖尖的大石頭沒什麼差別。這些東西很奇特，不尋常，是他從未見過的，而且絕對不是生物。當他更往下時，他可以看到光。光看起來像是來自流動的熔岩。他進出熔岩，想知道是什麼樣的感覺，他覺察到有些意識在他的周遭。不一定是生命或人，而是意識。在催眠時，有時個案會說他們是純粹的能量或能量生命。但他說他是意識，而且他知道他是那個星球的一部分。

我將他帶到較後來的時間，他發現星球表面已經有了改變。他看到某個聽起來像是太空站的東西，但很難形容，那個東西從星球表面升起，像是一系列建築。這整個社區或不論什麼的，形成了一系列至少有千層樓高的建築，環繞著那個星球。我後來問他是不是指類似土星環的東西。他說很類似，除了那些建築是跟星球表面相連。人們就生活在這個站或不論被稱為什麼的地方。他們不住在星球表面，而是住在這個從地表往上延伸的大型社區型態的結構物裡。他說這些人看起來很像人類，穿著長袍般的服裝。他們在這裡從事各種工作。他跟他們一起生活，而且是擔任領導者的角色。

後來，在我跟潛意識溝通時，它說它給他看那個遙遠星球是要讓他知道，在那個星球還沒有生命的時候，他就在那裡了。然後事物開始被創造和形成，雖然是在覆蓋著星球外殼的底下。熔岩是生命的開始。這是為什麼他沒有身體，因為他是那裡的一部分。這是為了讓他看到，隨著星球的演變——發展特定類型的生命形式需要漫長的時間——他在這個演化過程中棲息於每一種生命形態，直到終於到達具有智慧的生物。他後來進化為整個社區的領導者，那彷彿是他所能達到的極限。那時候，他並沒有死，他只是決定要離開身體。離開身體後，他來到地球。他要繼續往前進展。他在那個星球從生命的形成一路待到生命的進化，他已經學到他可能學到的一切。因此，下一套課題會是在有著不同規則制度和課程的另一個星球重新開始。地球就是這另一個星球。

★　★　★

二〇〇七年三月，我有個臨時安排的催眠，當時我已經開始寫這本書了。這個催眠為居住在動物身體裡的輪迴形態又增添了另一個面向。

個案看到自己在一個房間，被封閉在一個透明塑膠類的膠囊裡。她知道這個大房間還有很多類似的膠囊。當她意識到自己的身體時，她覺得那個身體似乎還沒完全形成。她知道自己有兩條腿，比較像動物而不是人類。她被包裹在管狀的膠囊，躺在一張桌子上。她覺得自己是某種實驗。她可以看到有個人在房間裡走來走去，似乎在檢查膠囊裡的生命形態。這個人非常高大，穿著白色外套，但她不認為他是人類。她也察覺到在另一個房間有許多人透過某類電腦監看著他們的進展。她可以看到鍵盤、螢幕、轉盤和測量的儀器。我試圖從那位像是（她和其他人的）照顧者的心裡取得資料，但收穫有限。個案所能得知的是，他們是某類實驗，他們的位置在一個星球的上方。膠囊時不時會在房間裡旋轉。我指示她來到後來，看能否得到更多資料。她看到自己被帶到一個星球。她被放在一個泥濘地區的某種圍欄或籠子裡觀察。當我試圖再次移動她，希望找到更多資料時，她並沒有繼續那一世，而是蛙跳到身為羅馬格鬥士的人類生命。

我知道當我召喚潛意識，詢問有關這個奇怪的生命時，我的問題將會得到解答。潛意識說，它們給她看那一世是因為她一直對其他星球是否有生命感到好奇。她確曾跟行星播種的實驗有關，而且那個實驗是在一艘大型的太空船上進行。各種不同物種透過操縱和組合基因及DNA被創造出來，她就是這些實驗之一的結果。當她發展成熟後，她被帶到太空船一直在繞行的那個星球。她被放進圍欄，這是要先讓她適應環境後再放出來。我們沒能再繼續探索下去的原因是她並沒有活下來。她的實驗效果不佳。換句話說，實驗不成功，那個生命形態無法適應行星的條件。潛意識說，那個星球不是地球。我說我已經知道地球在很久很久前就被播下生命的種子，潛意識說同樣的事也發生在無數的星球。即使在今天，也依然持續著，因為這就是生命傳播的方式。

第四章　不同的生命形態

動物和植物並非靈魂或靈體所能棲息的唯一陌生形態。我有過許多個案在催眠時描述的生命類型絕非傳統人類，有的實在難以想像，然而個案對於棲息其中感到自在，好似那樣的形態並沒有不合常理。

★　★　★

巨人之地

傑克看到自己是個非常高大，有著一頭金色長髮，名叫拉爾斯的男子。他的頭大概到他身旁那棵樹的一半高。他穿著棕色的帆布褲和袖子蓬鬆的襯衫，肩上有皮製的帶子固定住褲子。他的腳上穿著樹皮製成的涼鞋，背上有把劍鞘。這把劍是用來保護自己對付那些比他還高大的人。

他聞到遠處的小茅屋飄來的烤麵包味道。「有些小人住在那裡。他們無法照顧自己的生活。」他把手上的一隻鹿和麵粉給了他們。「有位年輕女子……我還看到兩個小女孩和一個嬰兒。我比他們高大很多。但我覺得我愛這些小人。」他說那位女子的頭只到他的腰，這樣我就知道他比他們高大許多。這些小人們有自己的村落，他們面臨的危險是來自比傑克還高大的人。傑克覺得有義務保護這些小人。他不住在小人的村落，而是住在附近的山上。「我可以看到而且眺望……一切。我可以俯瞰整個山谷，看是否有不對勁的地方。」他這麼做只因為對這些小人的愛。

這個地區很冷，人們經常要穿毛皮。他和他的家人—父母、兄弟、姐妹—住在一個由岩石砌成的結構物裡，他也照顧他們。那些更高大的巨人住在海邊的一個島上。巨人在春天和秋天的時候會坐大鐵船過來。巨人所住的陰暗大城堡是由巨石構成，有著很大的木門。這些人從不滿足，總是想要擁有別人的東西。他們為殺而殺。他們有機械：會冒火的槍，沒有帆的船；在航行時看起來就像飛在水面上一樣。傑克形容這些人的臉長得像鬥牛犬；下顎外凸，上唇上方有兩顆牙齒，背部隆起，駝著背，頭髮很少。走起路來歪歪斜斜的。他知道他們的長相是因為他曾經跟他們打鬥，他傷過他們，有一次還是在水裡。他堅持自己不殺人，而是自我防衛。

朵：這些人聽起來確實是很奇怪。有人知道他們是從哪裡來的嗎？

傑：他們來自一個紅色的地方。這是我現在能看到的。一個有紅色岩石的星球。

朵：我好奇你們的人知不知道他們的故事。

傑：他們滯留在這裡，回不去他們的地方。（那裡）沒有大氣層……他們無法在他們原本的地方生存。他們是不得不離開的。

我帶他來到一個重要的日子。小人們正在舉行婚宴慶典。他的家人也在。他們已經很久沒有和那些奇怪的巨人有過狀況了。也許那些人正逐漸滅絕。他說這對物種來說並不好，但對他和他的族人是好事。

接著我把他帶到他生命的最後一天。他躺在家裡的床上。他的身體並不算老。身體還一直在長，長得太大了，這造成胸痛、呼吸困難、身體重量帶來的虛弱無力感，以及腳踝、腳和下背部的疼痛。他說：「你可以長得太大，也可以太小。」那些奇怪的人再也沒來過。他曾去島上查看，只看到骨頭。一切看起來就像他們離開了一樣。

他去世時，茅屋的那個小女人陪在身邊。他的身體在死後被放到一艘船上，隨船漂到海上燒掉。他們對所有病故的人都是這個做法。他那次的人世課題是學習尊重。尊重自己，也尊重自己的敵人。並且要能去愛所有一切，愛所有的人，無論他們的體型是高大還是嬌小。還有學習謹慎。覺察。傾聽、觀看、觀察。他覺得他已經學到這些課題了。

接著我召喚潛意識前來回答問題。

傑：傑克必須看到那世才會知道他曾經無法擁有的愛，在二〇〇四年的現在這世，他能對她吐露，能讓她知道了。她是他現在的妻子。她就是那個小女人。

朵：那麼他們又一起回來了。（是的。）這很重要，因為現在他們的體型一樣了，不是嗎？

傑：相當接近。在另一個人世，這個愛是不可能的，這使他感到非常絕望。他只能當她的朋友。

我請潛意識解釋那世蘊含的意義。「傑克擁有的一切都很奇特。因為他喜歡與眾不同。他不喜歡平常的東西。在他所有的人世裡，他總能看到其他人看不到的。他一直都是與眾不同。」

朵：但這不是壞事。只是需要調整。（是的。）在那個人世，他很高大，而且一直在長。

你能告訴我關於他們的事嗎？

傑：他的團體來自另一個星球。他們是被播種在地球的。

朵：什麼國家？

傑：寒冷的國家。維京人（Viking）。北方地區。很久以前的事了。

朵：那些小人如果在今天會被認為是正常的身高嗎？

傑：那些小人大約五呎七吋。有些更小。他的團體的身高是在九到十呎之間。他們源自另一個星球。

朵：所以他們對這個星球來說真的太高了，不是嗎？

傑：是的。這是為什麼他們被安置在北方，好遠離其他人。那些小個子會怕他們。他們被放在北方是為了看他們能否生存。

朵：為什麼他一直在長？

傑：基因缺陷。

朵：那麼當播種時，他們就已經有問題了。（是的。）那群人有存活到我們這個時代嗎？

傑：有。他們現在沒有那麼高大了。

朵：所以今天地球上有些個子很高大的人是那次播種的後代？（是的。）我原本以為他們會滅絕。(沒有。)那麼那些在島上，那些更高大的人呢？

傑：他們來自其他地方。因為遠方的錯誤到了這裡。他們不該在這裡的。他們原本是要被送到別的地方。

朵：為什麼他們會到了這裡？

傑：他們那邊的誤算。

朵：他說他們是滯留在這裡。(對。)跟某個紅色星球有關？

傑：跟紅色星球有關。(語氣驚訝)不是火星。那個星球的大氣層很糟。他們不得不離開，因為無法呼吸。

朵：所以他們因為誤算，最後到了那個島上。(對。)聽起來他們並不能繁衍。

傑：不能，都是男性。這是為什麼他們最後滅絕了。他們很暴力。沒什麼有趣的事。除了很醜之外。

朵：那麼他們被隔離在那個島上可能比較好。(是的。)他們的城堡呢？有任何東西遺留到我們這個時代嗎？

傑：在泥土下。到了我們這個時代的二〇〇四年，會在冰島周圍發現。文物最終會被發現。但他們不會明白那是什麼。

朵：那些船聽起來像是太空船。

傑：是的，它們在泥土下面。

朵：太空船會被發現嗎？

傑：有可能。

所以，也許我們自小到大在生活裡所聽到的故事和童話終究不是虛構的。我一直相信，大多數的故事和傳說都有一定的事實依據。但我也知道，隨著時間的推移，人類對這些傳說有所補充和刪減，因此很難知道原貌究竟是如何。我去挪威時，參觀過奧斯陸的一些博物館。我看到描繪巨人、巨魔、食人魔和奇怪生物故事的古畫。傑克的潛意識說他們生活在北方。或許這些故事帶有對這些很久前居住在地球的生物的記憶。這也可能解釋了現在生活在地球的一些人為何非常高大的原因。也許他們帶有這些溫和巨人的基因。

★ ★ ★

二〇〇二年四月，我出席前世研究與治療協會（APRT, Association for Past-Life Research and Therapy）在華盛頓州西雅圖舉辦的催眠會議並在會中演說。在停留西雅圖的期間，我發現了另一種意想不到的生命形式。

我做的每一次催眠都是為了讓潛意識把那個人帶到最適當的前世，這有助解釋個案在這世遇到的問題或提供他們需要的資料。正如本書和《迴旋宇宙1》及《迴旋宇宙2》所呈現的，被催眠者經常會來到一個沒有邏輯依據或合理解釋的奇怪環境。我向來相信潛意識把他們帶到那裡是有原因的，因此我只是當個報告者、調查員，並在潛意識選擇讓他們看到的範圍裡提問。如果我試圖移動他們，把他們帶到對我來說更符合邏輯或合理的地方，那麼重要資料就不會出現。

汪達進入場景後所看到的第一個畫面是一群看起來不完全像人類的人。她邊敍述邊覺得困惑：「他們有種物質，是他們身體的結構，但這個物質延伸到這個光芒裡。很酷。」她驚喜地發現她的身體也是如此。「哦，我的身體也可以這樣！一個發光體！很有趣！這個光，這個光芒就這樣一直散發，隨著（光體的）離開，光越來越弱，但仍然看得到。在這個光的內部有個物質結構，就像你是在一個玻璃球狀的東西裡。而你本身的光就是這個玻璃球。我覺得很開心。他們散發的光有一點點差異。有些比其他的要亮，有些顏色不同，比如有些是桃紅色，有些較像草莓色。我的是乳黃色。而且我們都在飄浮。」

她看起來很愉悅，樂在其中並興致勃勃地描述眼前所看到的。就像小孩發現新東西一樣。「他們看到我好開心。我猜他們是在這裡等我。像是聚會。我並不是真的瞭解他們在說什麼。他們說得太快了。發生了很多改變。他們想要一下子告訴我所有的變化。他們擔心這個地區生病了。我們想要它變得更好。他們的顏色沒有先前那樣明亮了。」

朵：什麼地區？

汪：哦，下面那裡沒有那麼亮。我們需要使它更好。（她的語氣聽起來不像之前那麼開心。）光芒沒有更亮，但對我來說他們似乎較亮了。他們說這樣不好。

朵：你以前去過那裡嗎？

汪：他們一開始時我就在了，很久以前了。我們到了這裡，然後決定住下來。我們找到這個地方，但後來發生了別的事，這裡就不再那麼舒適。但他們（指其他光體）也不想去別的地方。

朵：他們是生活在地面，還是空中？如果我的理解沒錯的話。

汪：他們不需要地面。但下面那裡發生的事讓我們住的地方不舒服。

朵：你說他們剛來的時候你就在那裡了？（對。）然後你離開了嗎？

汪：是的，我必須去別的地方，幫助別的人。只要他們開始發展了，我就可以離開去幫助另一個團體。

朵：所以這就是你的工作？幫助一個接一個的團體？

汪：對，因為他們認為我很重要。

這令我很困惑。我不知道我們在哪裡，也不知道其他生命是誰或是什麼。他們似乎是一種能量體，但能量體也有區分。

朵：他們的工作是什麼？

汪：（停頓）他們跟精靈交談。精靈住在哪裡？哦，對耶！精靈和別的生物住在地面。在下面很遠那裡。

朵：精靈長什麼樣子？

汪：看起來像人，可是很小。看起來像女王……哦……有一匹小獨角獸，但牠就跟精靈一樣迷你。（笑聲）我放大地面，看到牠的樣子。我能夠隨心所欲地移動。我想要一直這樣。（笑）

朵：下面的小人們（指精靈）在做什麼工作？

汪：他們努力保持他們星球的美好，他們也試著幫助體型較大的動物。那裡還有別的人，但精靈不是要跟人們一起工作。精靈們喜歡動物。（愉悅的口吻）他們也喜歡我。

朵：你們的人怎麼幫助精靈？

汪：我們幫他們遠離人。我們告訴精靈人們什麼時候會過來。因為人不好。人類在傷害他們。（她變得難過）

朵：他們怎麼傷得了精靈？

汪：（語氣悲傷）因為有些人佔領了精靈的地區，這讓精靈很受傷。人類拿走小人們的家園，精靈的家就是那些樹。現在已經沒有多少樹了。

顯然地，精靈們就像保護植物和樹木的自然界之靈。精靈很難過，因為人們在砍伐他們發誓要保護的樹木。精靈們一定覺得他們的工作失敗了，沒能達成任務。

朵：這是為什麼他們不喜歡人的原因？

汪：對，但這裡不是地球。不像地球。這裡的植物也不一樣。我們是去那裡幫忙精靈的工作，因為他們太小了，不是什麼都能看到。我們可以幫他們看到可能會傷害他們的東西。

朵：你們能夠看到，而且知道怎麼警告他們？

汪：對，我們能看到，是的！

朵：可是你說你去了別的地方？

汪：對，我必須去。還有別的世界也需要有人幫助小精靈。當我們去的時候，精靈很開心，因為他們感到安全，不用害怕了。……我們住在空中！人類看不到我們，可是精靈看得到。我不認為人類喜歡我們。他們似乎不關心大自然。

朵：你們那樣發光，人類可能也看不到你們。

汪：沒錯。人們只預期看到有結構的東西，而我們其實沒那麼多結構。我現在回來這裡查看大家，確保一切都好。他們看到我很開心，一定要告訴我所有的事。這是為什麼我沒法聽清楚。（輕聲笑了出來）發生的事太多了。可是精靈們說話沒那麼快。我可以去別的世界，但我的工作在這裡。……精靈們很溫和。很有愛心，很溫暖。只要在他們身邊就感受到很多愛。人類試圖去精靈的地方。我們把會發出臭味的東西混合，製造出很難聞的惡臭！我們懂這些，但人們不懂。這很有效。那些人走了。（笑）他們還要努力除掉臭味。大家都很開心。尤其人類離開時特別開心。

雖然這類型的生命通常對時間沒什麼概念，我還是決定把她往後帶到一個重要的日子，一個有事情發生的時候。

朵：你現在在做什麼？你看到什麼？

汪：哦，有人。他們有大城市。這不是好事。我們試了我們的臭味，結果沒用。他們說他們改變空氣就可以了。他們認為那裡有他們需要的東西。我不確定是什麼，但聽起來對我們不是什麼好事。他們要捕捉動物做實驗，這不是好事。他們不會傷害我們，他們會傷害精靈和動物。但精靈和動物是我們的朋友，是我們的一員。

朵：我以為人們看不到精靈。

汪：看不到，但他們讓精靈感到害怕，這就傷害到精靈了。後來精靈失去了他們的地方。我好難過，因為那是我的工作，我卻沒有保護好他們。（幾乎要哭了）我真的不想看下去。人們傷害了精靈，因為我沒有保護好精靈。我原本應該讓這樣的事永遠不會發生的。我看到了人類會在那裡，可是我沒有成功（指保護動物和精靈）。（悲傷的語氣）

朵：人們帶走的動物是什麼樣子？

汪：有些有像豹一樣的斑點。

朵：你是說大型的貓科動物？

汪：對，但牠們並不兇惡。所有的動物都很好。牠們很害怕。大家都很害怕。

朵：那些人還帶走什麼動物？

汪：猴子。還有所有漂亮的鳥。（幾乎要哭了）牠們指望我們的幫助。

朵：你能夠做什麼來幫助這些動物嗎？

汪：我不知道。我不認為我可以。人類太大了。

朵：精靈也做不了什麼嗎？

汪：做不了，他們可能會試。（非常不開心的口吻）但人太多了，而且人類就是要這麼做。他們在把動物關進籠子。動物很害怕，有些快死了，只因為太害怕了。牠們不想活了。人類把動物放在這個大建築物裡。他們還砍掉樹木。

後來，汪達顯然無法再看下去了，因為她認為這些負面事情的發生是她的錯。她突然離開她作為某種自然界靈體幫助精靈和動物的那個世界，回到了靈界。她一定是認為自己努力保護這些小人們的工作失敗了。

她不開心地報到，準備被重新分配工作。她和議會裡的長老們決定，下次她可以透過當一個「人」，而不是這個發光的能量體，來做更多好事，因為這樣她就會有更多力量做出改變。她形容議會裡為她提供建議的存在體。

汪：他們看起來像光球，像一團光，但他們跟我一樣，跟其他的光不同。非常不同。他們就是柔軟、蓬鬆。嗯……不，我想他們裡面也有某種結構，但他們放射出好多光，很難看清楚是不是真的有結構。他們看起來不像是我那個地方的。

朵：這些光體是做決定的嗎？

汪：他們幫忙做決定。他們讓你自己選擇，但他們給你看所有的東西，並且和你討論選項。

朵：所以你已經決定要嘗試當個「人」？

汪：（不確定的語氣）對，我可以做到。

朵：當事情是未知，新鮮和不一樣的時候，總是很可怕，不是嗎？（是啊!!）好，後來怎麼了？你是怎麼變成人的？

汪：嗯……有個小嬰兒。他們跟我說，我會是這個小嬰兒，我說我不想要當個嬰兒，因為嬰兒不可能有強大的力量。

朵：對，可是你必須要有個開始。

汪：我就是要去當個小孩。我打算當六歲左右的小孩。

朵：你不打算當個嬰兒？（不打算。）你看到你想當的那個小孩了嗎？

汪：哦，他很可愛。他精力充沛，而且很關心動物。我在告訴他一些我知道的事。但我知道的不多了；記憶在消退中。

朵：如果這個孩子已經六歲了，你怎麼成為他呢？他已經有個靈魂在他身體裡了，不是嗎？

汪：我不知道。我就是看到他，走到他面前，然後我就是他了。

朵：所以有時候會是這樣運作的？

汪：我不知道。我看到小嬰兒，但我不想當那個小嬰兒。然後我看到他，現在我就是他了。

朵：但那是你成為人的方式，必須從小孩開始？

汪：是的，可是我六歲，我仍然可以做點事。我沒能跟他說精靈的事，因為我不記得全部了。我知道有些什麼，但我不知道是什麼了。

雖然這點說得不是很清楚，但她顯然已決定當個「人」，這樣她就可以有所作為。她敍述的顯然是她作為人類的第一個轉世，絕非她身為汪達的現在這世。於是我要她把那個存在體留在那兒，這樣我們就可以穿越時空往前推進。而我也就能跟她的潛意識溝通。

朵：我知道潛意識可以為汪達挑選任何一世觀看。為什麼潛意識會選擇讓她看那一世？

汪：因為她要知道她很有幫助，很重要。在現在這一世，她覺得自己幫不上動物和植物。她需要知道，雖然她只是一個人，仍然可以產生好的影響。她認為一個人要造成改變太難了。她忘了她必須開始去做。她有關於如何開始的想法。她只是沒有去做。

朵：這是為什麼她離開能量形態，進入人類身體的原因嗎？

汪：這是其中一個原因。她不想再跟動植物一起工作了。她想和人類一起工作，因為她希望人類會變得更好。但她不確定地球上的人是否已經準備好瞭解有許多不同次元的存在。這跟人類長久以來必須面對的情況是一樣的。我們終於聯繫上她了（指透過催眠）。花了夠久的時間！她早就知道她應該和人類一起工作的。

朵：可是當你開始以人類形態生活時，你不是會被困住並產生業力嗎？

汪：是的。她一直選擇來這裡。她也可以去其他地方。這是選擇。而業力……如果你想它存在，它就存在。但如果你能跳出人類的限制，你就能做出到其他地方的選擇。你能夠選擇放下那個業力，不論它是正面的還是負面的，都將它拋諸腦後。

朵：沒錯，但她決定要當人類，這樣她就能產生影響，帶來好的改變？

汪：是的，她一直希望能發揮作用，帶來改變。她需要明白，她已經在很多很多地方帶來好的影響了。也許她可以不那麼努力了。她努力照顧到所有的事情和每一個人。她需要記得，好幾個世紀以來，她一直在照顧每一件事和每一個人。

在《生死之間》乙書，潛意識解釋在我們嘗試以人類身體生活前，我們必須經歷的一系列生命之一是作為自然界的靈，像是精靈等等。這些是植物和動物的守護者。這些小生命是真實存在的，過去生活在大自然附近的人們看得見他們。許多有關「小人」的故事是基於事實根據。在我們現在的科技社會，要意識到他們的存在困難許多，除非是那些喜歡在我的電腦上搗蛋的那種小精靈（little gremlins）。這個催眠內容也顯示了自然界之靈不喜歡和人類太接近。他們更喜歡農業區或大自然地區，而不是繁忙的城市。

另一種必要經歷的生命形式被稱為「元素生物」。我不確定這是否是汪達的經驗，因為她似乎是在幫助精靈，而非精靈的一員。元素生物是基本的能量，它們不具有實體形態，也似乎不具有溝通的智力。它們會被吸引到一些地方，吸收並且增加那個地方的能量，無論那是正面還是負面的能量。大多數人進入特定建築物的時候，能夠感覺到那樣的基本能量。留意大教堂和監獄的能量有多不同。那些是留在建物裡的累積能量。精靈和元素生物這兩種生命形式並不相同。本章說明了靈魂在嘗試複雜的人類生命之前，還可能體驗的許多其它生命形態。

★ ★ ★

接下來的催眠個案敍述的是不同名稱的同類型存在體嗎？

朵：莎莉想知道，精靈要如何進入人類界域？她對那些小人們，那些精靈很有興趣。

莎：精靈不是小小的。跟人類相比，他們是相當大的。

朵：我們總是把他們想像得非常小。

莎：那些不是精靈，他們是「中間人」，是「界定」（deliminal，類似音）人類和精靈界，並在兩者間溝通的自然界之靈。

Deliminal 並不是一個字。最接近的是 delimit，意思是：設定界限或邊界。在催眠時，與我溝通的存在體常會發明一些字，有時則是把動詞當名詞使用，或把名詞當動詞用，為的是儘可能地形容他們試圖傳達的事物。這會是這個情況嗎？

朵：你說精靈事實上相當大？

莎：是的，很大。他們並不小。他們有時候比大多數人類還要高大。他們有種特別的能力表現他們的存在。他們跟人類類似，因為有兩隻手和兩條腿，但他們更與自然連結，所以他們有自然般的感覺，或大自然般的身體。事實上，莎莉就有個精靈朋友，他的外表很像一棵樹。他的皮膚是木質的，就像樹皮；他的頭髮很像綠葉。他們以不同的方式表現他們的身體。

朵：但那是一個實體的身體嗎？(對。)好。她想知道他們是如何進入人類界域。

莎：他們運用元素。

朵：我知道元素生物，但你說的是元素？

莎：他們運用元素。他們的身體全是由氣、水、土和火，這四種元素組合而成。他們把各個元素分開。穿過門戶後，他們在人類界域這邊再召喚元素重新聚集組合。

朵：可是他們的身體確實看起來跟人類一樣嗎？

莎：是的，沒錯。對人類來說，他們看起來有點奇怪，但仍然比他們在精靈界的時候更像人類。

朵：這樣人們就不會知道他們事實上是在跟精靈說話。

莎：不會知道，雖然他們會認為這個人有點奇怪，認為這個人看起來跟一般人有點不一樣。

朵：這個事實上是精靈的人知道自己是不一樣的嗎？

莎：哦，知道，他們記得一切。

朵：他們知道自己不是一般人類。

莎：對，他們比人類更能來去自如。

朵：莎莉要如何使用精靈的能力在療癒上？

莎：她需要跟元素有更多連結（編注：指多感受水（海、河、湖）、土（大地）、火（陽光）、氣／風（空氣）），並且瞭解元素對疾病的作用和影響。然後要能改變這些元素，使它們相互平衡與和諧，這樣疾病的狀態就能得到改善。不過她不需要靠近（那個）人就能做到。這個資料其實在她心裡，她只是還沒有應用。同樣的，這跟她認為自己做不到有關。

朵：我們給自己設限了，不是嗎？（是的。）

★ ★ ★

當貝蒂進入前世，她發現自己在一個陌生的地方看著一個奇怪的物體。這個物體是牡蠣色的光滑圓柱體，最上面有個圓球，側邊有個紅色的長方形圖案。這個圓柱體獨自矗立在岩石上，映襯著由斑駁的深藍和淡黃兩種顏色組成的奇怪天空。當貝蒂轉身，她看到更多形狀不尋常的岩石。「它們有點像沙漏。形狀被拉長，中間瘦長。有一些像尖塔。」這聽起來絕對不像是在地球。她接著說：「看起來其他東西都在地底下。我需要在地底下。我們不住在地面上，我們是住在地底下。……那裡有個洞口，一個圓管子。要穿過這個管子……這裡不是我的家。我是來巡視的，然後就回去。我是在一個中途站。我們是礦工。我一直在檢查信號燈。我是通訊官（指負責溝通、指揮）。這個圓柱體是一個通訊信標。圓球的最上方會打開並發出光。」

我問她想不想下去地底下看看是什麼樣子。她說只要順著管子滑下去就可以了。出了管子後，她進入一個房間並脫下外衣。顯然外衣是在地面才必要的穿著。「我正在脫外衣，我不是人類。我看起來有點像蟲。我有好多隻手臂；我的頭是橢圓形。我看起來像隻螞蟻。我有鉗子般的下巴。我的眼睛長在觸鬚的尾端。我看得到每個方向。我有兩根觸鬚，所以我能看到很多方向。我有四條腿和六隻手臂。我的身體是咖啡色，它有三個部分。最上面是頭，接下來的是六隻手臂，然後最大的部分是四條腿。在我的胸部有某種呼吸裝置。不是設備或儀器，是在我胸口外面的某種器官。你吸入空氣，它就會溝通。它發出哨聲和咔嗒聲。這是它溝通的方式。我們都了解。」

朵：當你上到地面，你必須穿件東西，這有什麼原因嗎？

貝：這是因為你們所說的輻射。不穿這個衣服，你在上面無法呼吸，而且它也為你遮蔽輻射。

朵：為什麼這個地方會有輻射？

貝：它離太陽很近。我唯一到地面的時候是去檢查信標。

朵：聽起來維持信標運作很重要。

貝：這是為什麼我在這裡。我是緊急支援。如果信標有問題，我可以發出求救信號……脈衝。可是我覺得我會因此死去。我不認為我可以活下來。因為那會需要我的全部力量來完成（指發出求救信號）。需要用上太多能量了。

朵：這是為什麼他們稱你為通訊官？

貝：對，我是緊急時的支援。

朵：萬一發生什麼事，你必須犧牲自己來發送訊息？（對。）

還有其他跟他類似，也生活在地底下的生命。「我們被分為不同的家戶。我想你會稱為家戶。每一家都有個工作，工作是依家系血統傳承下來的。我來自溝通之家。」

朵：這就是你說的血統的意思？這些能力是傳承下去的？（是的。）而其他人有不同的能力，他們有不同的工作要做？

貝：哦，對，隧道工。我們在下面工作。我們在挖礦。

朵：你們也有住處或工棚嗎？

貝：有休息的地方。我不認為我有睡覺。

朵：那你們有維生的食物嗎？你們吃任何東西嗎？（沒有。）你們如何維持生命？

貝：我們生來就有我們需要的東西，當它沒了，我們也就死了。

她在敘述這一切的時候是那麼淡然。她不覺得這有什麼。那一世就是這樣。

朵：你們不用一直為身體補充或補給什麼嗎？

貝：不用，這是短暫的生命。我們只是工作。

朵：你們在開採什麼？

貝：我們在為別人開採石頭。不是為我們自己。我們不需要。

朵：聽起來你們並不需要太多東西，是嗎？

貝：不需要。我們這麼做是為了幫助別人。這些石頭是白色的，有時是透明的。有時是綠色和紫色。它們被粉碎後運往另一個星球。

朵：你們在地底下有粉碎石頭的設備？

貝：有。那些石頭會被處理。我們有做這個工作的家戶。我們都是工人。

朵：這些石頭被運到你的母星嗎？

貝：我不認為我曾經有過家。我想我是在一艘（太空）船上出生，然後被放下來做這個工作。

朵：他們一次放下很多人嗎？

貝：是的，足夠做這個工作的人。我們的生命短暫。他們會帶更多的人來取代我們。

朵：你怎麼想呢？你喜歡那樣的生活嗎？

貝：我沒有那樣的情緒。我比別人有更多想法，因為我是溝通者。在我生命的這個階段，當我離開了，我相信我會成為光。然後我就可以做我想做的事了。

朵：你是被教導而知道這些，還是你就是知道？

貝：我們知道。我們生來就知道。我們知道我們所做的事是暫時的。但那些製造我們的人並不知道。我們所在船上的那些人，他們不懂，但我們有這樣的記憶。我們知道我們就是從一個存在到另一個存在。這是暫時的。這只是短期的事。

朵：你說你有更多的——我猜這個字是「感覺」；你比其他人有更多感受、感覺，這是因為你是溝通的人嗎？

貝：因為我其實不是他們的一員。我只是看起來像而已。

朵：你說(太空)船上的人不一樣。他們是什麼樣子？

貝：他們比較大。他們只有兩條手和兩條腿。他們的頭是圓的。他們長得跟我們不一樣。

朵：你知道有關這艘船的事嗎？還有這些人要去哪裡？

貝：這是一艘採礦船。這是採礦作業。他們在孵化器裡培養工人，然後把他們放到星球上採礦。他們對這些工人進行基因改造，使他們的身體具有某些結構，能做某些工作。這些工人處理加工礦石並運送貨物。這是有時間性的。每件事都是有時間安排的。

朵：所以當他們把你放到星球上的時候，你很清楚知道你應該做什麼，還有應該去哪裡？(對。)你甚至不去質疑。

貝：不用質疑，不需要。我生來就知道是怎麼回事。而且我帶有對我的家系的記憶。我知道我的祖先曾經去過的其他地方。我瞭解並記得他們的經歷，而且這會在家族延續下去。但我認為我是個變種。

朵：所以在你所有的記憶裡，你一直是這類型的存在？(對。)因為你帶著船上的人對你編入的程式記憶？

貝：他們無法程式化我們。我們已經被程式化了。他們只是帶著我們。

朵：但你有說他們不懂那個部分。

貝：對，他們不懂。這艘船上的人除了他們小時候被教導的東西，他們沒有任何靈性信仰。他們（指機器人）更難，他們不是靈性的存在，他們沒看到我們內在的靈魂。他們很不一樣。他們也不是會思考的人。他們也只是工人……不同的類型……他們絕對是被設定，被程式化的。我不認為他們是人類。我不認為他們是活的。他們是機器人。

朵：機器人？（對。）所以你不認為他們有靈魂？（不認爲。）在船上的人都是一樣的嗎？

貝：不一樣。在上層甲板有其他類型。我可以聽到他們的聲音，但我看不到他們。他們有靈魂。他們是真的。

朵：你對那些人瞭解多少？

貝：那些人訓練有素。他們上過學校。他們是一個團隊，相互依賴。他們非常多樣。他們有很多不同的外形；他們是許多不同的生命體。這是一個完整的團隊，至少有兩百個成員。他們有專門的訓練、培養，而且屬於一個聯合採礦團體。我所在的這個地方，這個太陽系裡有八個行星。其中四個星球有生命居住，而且之間有互動。還有個採礦作業是在這個太陽系之外進行，他們會從那裡帶回礦石或行星需要的東西。

朵：上層甲板的生物……他們全都來自你們太陽系裡的不同星球嗎？

貝：還有來自我們太陽系之外。他們是被雇用的。他們有危險津貼。……這是很危險的工作。

朵：那些生命需要吃或喝什麼嗎？

貝：是的，他們需要。他們有廚房，他們有淋浴間，他們有溫室。他們種植東西。他們有圖書室，但裡面不是書。他們透過操作小標籤就可以做很多事，那些小小的透明長方形小標籤有很多選項；有錄製的各種音樂、聲音、朗讀、事件、娛樂活動。

朵：可是如果不是透過閱讀，他們要如何理解這些東西？

貝：他們有機器，而且他們有全息影像。這很特別。它不像我見過的任何東西。這個全息影像跟他們融合在一起。

朵：這是你獲得資訊的方式嗎？（對。）因為一開始的時候，你說你能聽到他們的聲音，但現在你能夠發現更多有關他們的資料。（對。）而他們並不知道這點，是嗎？

貝：不知道，他們只是把我們看成工人，蟲子，可是我們不是機器人。我們的生命力雖然短暫（指壽命），但很強烈。生命力很強大。

朵：那些其他的生命……那些更高度發展的生命，他們是不同的性別，還是都是一樣的？

貝：有一些是不同性別，但不一定是男和女。有一些男生，有一些女生，但不只這些。他們不全都是那樣。也不都是那麼實體的。有一些下蛋。有非常多不同的形態。他們來自許多不同的地方。

我想讓這個生物現在專注在地底下的設施，而不是太空船上。

朵：現在把注意力放回地底下。那不是城市……是一個採礦作業。（對。）而且你偶爾要到上面去檢查信標。

貝：只是要確定它仍然是直立的，並沒有被流星擊中。因為這樣的事有可能發生。

朵：信標的重要性是什麼？

貝：它的重要性在於發出信號，表示貨物或裝運已經準備就緒或是需要新的工人。

朵：如果死了太多人的話？（對。）死後的屍體會怎麼處理？

貝：他們會回收屍體，但光已被釋出。

因此當信號發出，他們會來取走屍體並放下新的工人。信號在太空中從一個衛星彈跳到另一個衛星。「我們離任何地方都要三天的時間。他們來了之後，在上面盤旋。他們放下牽引器，把礦石和屍體輸送上去。然後把裝有新工人的吊艙送下來。」

朵：你知道他們把粉碎的礦石用來做什麼嗎？

貝：我問一下。

朵：你能發問而且得到答案？（是的。）他們不知道你可以這麼做，是嗎？（不知道。）你比他們聰明。（笑）

貝：他們用粉碎的礦石當燃料，使用在他們的太空船、工廠和城市。這是為什麼維持這個運作很重要。而且分配是公平的。是和平的。沒有控制的問題。每個人都在分享。

朵：這樣非常好。沒有人想控制什麼。

貝：沒有。他們已經過了那個階段。那是古早時候的事了。他們很有創造力。他們使用陽光和碎石創造了放大光線的石床。他們還有反光裝置將這個光移動到任何他們導引的地方，因此能為城市提供照明並為交通工具提供動力。他們也用光來增加食物的生長。提供發電廠使用。這是一個被管理的社會。

朵：可是每個人的需求都能得到滿足嗎？

貝：是的，需求得到滿足，但有點沒生氣。沒什麼變動。這裡的孩子不多。我沒有感覺任何喜悅。就只是活著，存在著。

朵：所以不是一個理想的社會。

貝：我不喜歡，但這是暫時的。短暫的。我不採礦。我是跟所有的人溝通。我跟他們說需要去哪裡，以及接下來要去哪裡。

我決定把他帶到一個重要的日子。雖然這會是個短暫的一生，但可能會有他認為重要的事情發生。他看到一個隧道，不過他認為那是不同的地方，因為這個隧道是方形而不是圓形。「感覺不一樣。我想我現在要回船上了。他們在叫我回到船上。而且……他們想把我打開。為什麼他們想打開我？……他們發現了我一些事。當我發送信標訊息時，我用了一個我不應該會使用的字。我用了不同的方式表達。他們想知道原因。」他們在帶我上去。他們認為我不一樣，他們想看看能否從我裡面看出來。我想他們不會發現什麼，因為那不是來自我裡面的東西。而且把我打開，我這生就更短了。

朵：那麼那是從哪裡來的？

貝：光。

朵：來自你的靈魂部分？（對。）你不認為他們能夠瞭解，是嗎？

貝：他們會的。

朵：為什麼？怎麼了？

貝：我在他們面前釋出光，在他們切開我之前。我放出我的光脈衝。我讓它離開。然後……這有點好笑……他們倒下了。

朵：（笑）他們沒預料到會這樣，是嗎？

貝：沒料到，不過我想我傷到他們了。我現在看到他們的耳朵和鼻子都在流血。

朵：是誰要切開你，機器人還是別的人？

貝：是別的人。機器人做不到的。

朵：所以你並不打算等他們把你切開。

貝：不打算。他們可以在我沒有脈衝後把我切開。脈衝才是真正的我。我讓它完全出來。它很亮很刺眼。它穿過了他們。

朵：那是什麼？能量還是什麼？

貝：能量。它不重，很輕。我移動它經過船上的每個部分。當它在那個小房間被釋出時，它的威力好大。現在我在船上移動。我在記憶；在記住一切。所有的系統，船上所有的人，他們的血統。我在記憶所有的東西。

朵：像在吸收？（是的。）你為什麼要這麼做？

貝：為了傳下去，這樣我的後代就會帶著有關植物、種族、生物和星球的知識。

朵：你的家戶後代嗎？

貝：對，家族，而且他們將會蛻變。他們會更發展、變得更好。**所有**世代都會。時間和空間對我們並不重要。從來就不重要，真的。

朵：所以你決定在你繼續（前進）之前，把所有東西都記住？

貝：我有這個機會。我正在記住每一種金屬，每一塊材料……細胞是如何工作……這一切是如何運作。我現在正把它送出去，送進光裡。

朵：你是怎麼做到的？

貝：我用想的。

朵：你看到和感覺到的一切，你都用想的把它們送出去？

貝：一直是這樣。

朵：這不會是你日常生活的一部分吧？

貝：是，也不是。利用這樣的機會……這在我們家族發生過。時間對我們來說並不重要。我們已經存在這麼久了。

朵：所以你並不擔心你留在那裡的屍體，因為你反正也不會活很久。

貝：不擔心，那是暫時的。我們是偽裝的。他們從未看穿。他們從來不知道我們是誰。他們只看到蟲子和工人。我們可以那樣去任何地方。

朵：可是其他跟你一樣的生物並沒有這個能力，是嗎？那些在其他家族，其他血統的人？

貝：他們有。

朵：你認為他們有使用這個能力嗎？

貝：還沒有。他們只是在等待。這個能力對我們有用。工人的一生很短暫，然後我們的脈動消失（指死亡）。接著我們帶著所有的知識，把它送到光裡。

朵：你知道光用它來做什麼嗎？

貝：創造新的東西。

朵：它必須有所有的這些資料才能創造新的事物？

貝：不是，但這可以為創造需要如何發展，提供方向上的幫助。光具有創造任何事物的能力。這就像一個思想流跟所有的思想流融合。當發生時，新事物就被創造出來。其中一些流回它來自的地方；一些前進到新的探索方向；還有一些被保存，或蜷繞著自身，形成強化作用。有那麼一個神聖的心靈，我們知道我們是祂的一部分，祂理解並欣賞這個經驗，並使用這樣的經驗來擴展和深化。

朵：但祂需要資訊才能創造？

貝：不，祂是使用資訊去創造。祂一直是在創造的狀態。這一點從未改變。

朵：為什麼新資訊重要？

貝：因為它提供一種經驗；它提供一種記憶，一種更新。它把注意力帶回到過去、現在和可能的情況。這都跟改變有關。

朵：所以有這個資訊對祂很重要。

貝：這是為了帶來改變。那裡的人被困住了。他們不再前進。他們沒有足夠的成長。他們在失去他們的創造力，他們在失去生活裡的樂趣。他們在變得機械化、慣性，他們……

朵：停滯不前？

貝：停滯不前，就是這樣。

朵：所以你不會再回去那裡了，是嗎？

貝：不會，我不會再去了。我在那裡已經做了我能做的一切。

朵：你可以決定你接著要去哪裡嗎？還是有什麼人幫你？

貝：這是團體的決定。我們大家決定。

朵：這個團體在哪裡？

貝：他們在光裡。我進到光裡。那裡有種感覺，一種理解……知曉。當你在那個光裡，你感覺到一種召喚或引力。或者說你被吸引了，你可以摸索著去看看它要去哪裡，在做什麼。如果有需要，或它吸引你，你可以到那裡。這是個漫長的旅程，但沒關係。

朵：所以就是一個生命經驗接著一個生命經驗，一直在擴展，一直在學習。是這個概念嗎？

貝：就是這個概念，就是這個目的。匯集。這是匯聚點和釋放點。但它是螺旋狀的，我們一直在移動。我覺得我們好像在接近了什麼。

朵：他們決定你接下來要去哪裡呢？

貝：這要看你在光裡的位置。光有不同的層級，你知道嗎？如果你在一個特定領域工作，專注在某個思路，有些在那裡的存在體會提供方向或協助，創造出任何所需的經驗。但如果你超越了那個層面，如果你沒有受困在那裡（停滯不前），那就不那麼明確了。祂是一個無時無刻都在向各個方向移動的合一心智。為了保持自身內部的平衡，保持完美，有時在最外層的區域，狀態需要調整。光可能會要求你去那裡調整。

朵：所以，隨著你在不同的層面變得更進步，你對你要做的事就有更多的決定權？更能決定自己要做什麼？

貝：是的，因為你是那個心智的一部分。就像全息圖一樣，它碎掉的每一片都是一個完美的複製品。但這都是整體，大局的一部分。

我要求貝蒂離開那個場景，允許那個小生物（現在是光的火花），繼續他自己的旅程。我引導貝蒂回到她的身體裡，並召喚潛意識，請它解釋為什麼選擇讓貝蒂看到這樣一個奇怪的生命。我知道潛意識向她顯示這些是有目的的。它向來如此。

貝：這是光的多樣性。事情並不總是它們看起來的那樣。這也是要她瞭解內在的光是如此豐富，如此之多。

朵：這跟貝蒂現在的生活有什麼關係？

貝：血統。她被使用的方式，或者說她是來此吸收，釋放，然後繼續前進。她的人生就是「融合」。她的生命就是精益求精、追求完美。

朵：你希望她怎麼使用那一世的資訊？

貝：我要她記得意識流，記得它的流向。我要她記得一體的狀態，以及想法和注意力的焦點是來自多重心智。而她是以人類形式存在的那個光的容器。

朵：她在那一世是溝通者。

貝：她一直是溝通者。她現在就是。這是她來的原因。她為人們解讀，與他們溝通。她發掘他們的核心之光。她剝去他們的虛飾外衣。她幫助他們記得他們是愛，以及他們與萬有一切的聯繫。

朵：她想知道是否有方法提高她的心靈能力和她解讀的正確性。

貝：一切就是它該是的樣子。

朵：你認為她做得很好嗎？

貝：夠好了。

朵：她會擔心。

貝：她需要擔心。這使她保持誠實，使她的小我得到控制。她以前曾與小我對抗。

★　★　★

在我的一班催眠課上，有位女士提出了一個觀點，這個觀點跟我教導的技術沒有關聯，雖然離題但造成干擾，我不能置之不理，於是我試著回答。我當時正在闡述決定投生地球為何要體驗所有一切。一切表示：氣體、礦物、石頭、植物、動物，然後是人類狀況的各面向。這是因為上帝非常好奇而且想要學習，於是祂派我們（身為上帝身體的細胞）出去儘可能地學習，並把知識帶回來，加入祂巨大的電腦庫裡。我們會繼續一次次地啟程，直到我們能夠畢業，最終回家，回到源頭並留下來。這位女士說她無法相信這個理論，因為上帝是全知的。祂擁有所有的知識，祂並不需要我們。然而，根據我所知道的，事實並非如此。上帝匯集了我們每一個人在漫長時間以來所儲放在祂那裡的資料。祂是我們每一個人在億萬年來的一切資料總集。祂不斷地探索，出於永不滿足的好奇心，祂渴望不斷學習。於是，祂不斷創造出越來越多不同與多樣的形態。

她問，祂用這一切資料來做什麼？用在什麼目的？我發現是用來創造。我解釋，看起來，隨著我們向外體驗，不斷增加經驗與知識，我們的宇宙也不斷在擴張。然後，似乎在到達了一個點，也就是它擴張的極限，它便開始返回源頭，也就是內爆。而那是否就是我們終於帶著我們經歷和體驗過的一切知識回家的時候？那是我們能夠休息並留在上帝身邊的時刻嗎？然後，似乎當一切又開始內爆，它就會再次向外爆發，就這樣不斷地循環。

她問：「我們是否會有停止的時候？一個我們停止存在，成為虛無的時候？」我不這麼認為，因為一切都是能量，而能量永遠不會消逝。它只是改變形狀和形式。她不懂一次次回到同樣的宇宙，以不同的形式體驗數百萬個課題有什麼意義。因為我們總有一天會經歷所有可能的事，然後我們就該停止存在了。

班上的一位男士提供了理想的答案。他說：「是的，我們可以體驗**這個**宇宙裡的一切。然而還有其他數百萬計的宇宙，那些宇宙裡的世界和造物是我們根本無法想像的。」正如本書後面（編注：《迴旋宇宙3》續集）會寫到的，有些宇宙有完全不同的物理定律，有些地方的行星是方形而非圓形……等等。在那些地方一定有無數的經驗在等待著我們。因此，即使我們最終試遍了這個偏僻宇宙的可能性，還是有數以百萬個宇宙的可能性可以探索。而也許，每一次宇宙在它自己的輪迴週期中爆炸，然後內爆，然後再次爆炸時，我們是被派去探索其他的事物。可能性是無限的，我們靈魂的進步也是無限的。

只要上帝好奇，想要學習新的經驗並增加到祂的知識庫，我們對於增添祂的創造力量就會有所幫助。因此，我們不斷地回到充滿偉大的愛和更新活力的「家」。也因此，我們永遠不會死亡。（譯注：指靈魂）

第五章　綠色星球

當貝蒂來到催眠時的這一世，起初她看不到任何東西，但感覺自己像是在太空裡。「我周圍什麼都沒有。我感覺在飄浮。感覺我是萬事萬物的一部分。這裡很暗，可是是自在的。感覺我在眺望宇宙，感覺它們都像是我的孩子。它們都是我的姐妹。所有的恆星與行星，所有的星系，就像我的家人。」接著，她看到令人驚歎的壯觀畫面。「有個星系剛剛誕生。」她的聲音裡充滿敬畏。「就這樣迸發了。就在那裡，而且它不斷增長，好美。」

朵：這麼快就形成了？（對。）你知道像那樣的事是怎麼發生的嗎？

貝：不知道，就這樣發生了。

朵：你經常去那裡嗎？

貝：不是，我想我以前沒有來過這裡。這裡感覺很舒服，而且好美。我覺得我想留在這裡，可是，沒錯，我可能需要去一個地方。好……現在有個星球出現了。它看起來像一個綠色的大月亮。我離它越來越近了。它就像長滿了苔蘚。我下到了這個星球，這裡有非常柔軟的樹木。

朵：是那些看起來像苔蘚的東西嗎？

貝：對。那是一整片森林。這些樹比我還高。我現在正走過一片樹林，這裡很潮溼。這些密佈的樹木就像遮篷一樣，所以很暗。這些樹有海棉狀的葉子。非常漂亮的綠色。整個星球都被它們覆蓋。地面很暗又軟，可是我沒有陷下去。樹皮很粗糙，是深褐色的。

朵：地面看起來像泥土嗎？

貝：看起來像樹皮的碎片。

我要她看看自己。她的描述讓我訝異；她絕對不是人類。「我的腳有蹼，它們帶點藍灰色。看起來像細長的鴨腳，腳趾間有組織。我的腿又長又細。我的手也有蹼。我有一根拇指和三根手指。」

朵：你能握住東西嗎？

貝：可以，我能用蹼握住東西。

朵：你有穿什麼衣服嗎？

貝：沒有。我非常瘦。像皮包骨。

她的臉瘦而長。沒有頭髮。大大的眼睛佔了她大部分的臉。

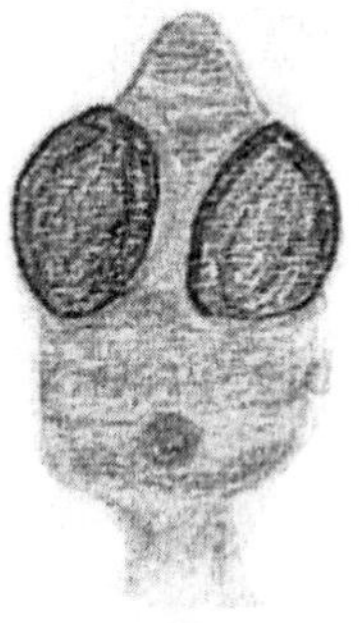

臉

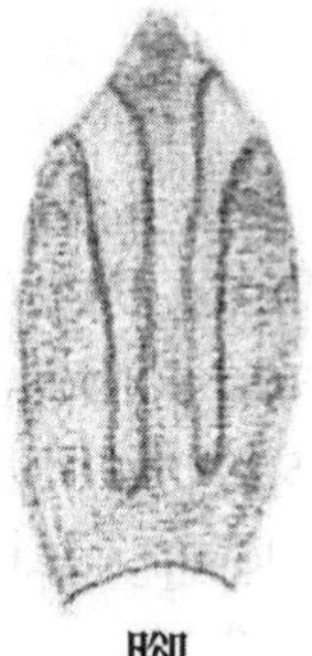

腳

朵：你為什麼需要那麼大的眼睛？

貝：因為這裡很暗。樹的上方有光，但是地面很暗。

朵：你那裡有黑夜和白天嗎？你知道我的意思嗎？

朵：沒有，沒有黑夜和白天。就只是微暗，像黃昏。

她說她的嘴像是個洞。我問：「你有吃任何東西……消耗什麼東西嗎？」

貝：我吃樹皮。我把樹皮從地上撿起來。這個有蹼的腳幫助我走在樹皮上。我把樹皮弄碎然後吃掉。（驚訝）舌頭！我有舌頭。我把樹皮放在手裡捏碎，然後用舌頭舔掉手上的樹皮。

朵：那是你吃的唯一東西嗎？

貝：對。就是樹皮。

朵：是什麼味道？

貝：我不知道。

朵：我在想，如果你習慣了吃樹皮，你就不會知道別的東西了。你有喝什麼嗎？

貝：沒有，空氣中有水分。我透過皮膚吸收水分。樹林裡又涼又濕，所以我不用喝任何東西。

朵：你有性別嗎？你知道我的意思嗎？

貝：我是……雌性。我下蛋。我的伴侶在蛋產下後讓它們受精。

朵：你住在附近嗎？

貝：住在森林裡。

朵：嗯……你剛剛說森林覆蓋了整個行星。（對。）你們住在森林裡的特定地方嗎？

貝：我們有一個屬於我們的領域。這裡還有像我們一樣的生物，我們會爭奪領土。

朵：土地不夠大家用嗎？

貝：這是一個小星球。別的團體想要更大的領土。

朵：你們怎麼爭奪？

貝：互相衝撞，碰撞對方。可是幾乎不會有什麼人死。就是看誰佔優勢。最大的那方獲勝。

朵：你們的團體曾經必須爭奪領土嗎？

貝：不用，因為我們的雄性是最大的。通常不會到那一步。別的團體會放棄，打退堂鼓。

朵：所以你們的雄性也控制其他領土。（是的。）你們住的地方有遮蔽或什麼的嗎？

貝：沒有，我們都是在戶外空曠的地方。

朵：你們沒有極端的氣溫嗎？

貝：沒有，向來都一樣。

朵：你們下蛋的時候，會去什麼地方嗎？

貝：我們就是下蛋。然後雄的會過來讓它們受精。

朵：你們是個大團體嗎？

貝：是的。我的雄性有二十個雌的。大多數沒有那麼多雌的。

朵：你的時間都用來做什麼？

貝：尋找食物。

朵：可是你說到處都是樹皮，不是嗎？

貝：對，但我們需要很多。這是為什麼會爭奪領土。

朵：我會想樹皮到處都是，因為它從樹上掉下來。

貝：是的，但要下蛋的雌性需要大量食物。有很多雌的。雄的想擁有雌的，但必須有足夠的領地來養活她們。

朵：團體裡有人死嗎？

貝：偶爾有，大部分是老死的。老年相當於你們地球的三歲。

朵：我想那是控制人口的一個方法。你們的人會死去，但你們也不斷在繁殖。

貝：可是有時候下的蛋會被撞碎，尤其如果是下在有人要打架的地方。

朵：你們睡覺嗎？你知道睡覺是什麼嗎？

貝：我們休息，我們不睡覺。我們只是停止移動。我們大部分時間都在移動。

朵：你們是這個星球上的唯一物種，還是有其他的動物生命？

貝：就只有我們（這個物種）和樹木。但我們在接管（這個星球）。我們在扼殺樹木。這是為什麼我們需要領土。樹木在死亡——這是正在發生的事。

朵：它們是怎麼死的？

貝：有些地方的樹皮沒了。他們把樹皮從樹上取下來。

朵：不等到樹皮掉在林地？

貝：沒有。但我住的地方還是很好。我們的雄性一直能把其他雄性擋在外面不讓他們進來。

朵：他們有意識到他們在扼殺自己的食物供給嗎？

貝：沒有。我的領土的雄性有意識到。他知道他最多不能擁有超過二十個雌性。

朵：可是如果你有孩子——如果你想這麼稱他們的話——他們也必須吃東西，不是嗎？

貝：是的，但他知道要讓多少個蛋受精。他在這方面很聰明。

朵：因為你們的星球資源有限。所以……你們的生活就是吃和繁殖。

貝：吃和下蛋。

朵：你們不會想去別的地方嗎？

貝：不會，這個星球的其他地方正在死亡。人們在吃樹皮。他們也讓太多的蛋受精。太多孩子了。他們在吃光所有的樹皮！他們在扼殺樹木。很快就會沒有足夠的食物。

我把她移動到一個重要的日子，雖然我無法想像在這種單調的生活裡，什麼樣的日子會是重要的。

貝：現在除了我們的領土，這個星球的其他地方都很貧瘠。

朵：別的生命怎麼了？

貝：他們死了。他們把樹皮都吃光了。他們全餓死了。

朵：樹木也沒能存活？

貝：沒有。現在我的雄性擁有整個星球。我這群是唯一剩下的團體了。

朵：可是如果你們不能生活在這個星球的其他地方，擁有整個星球又有什麼用呢？

貝：沒有別的團體，樹木最終會長回來。會比我這一世還多。

朵：所以你們這群是唯一有在繁衍的？

貝：是的。但他是有智慧的。他會確保一切都會回復正常，因為他會教導他的孩子。他只會保持一定數目的雄性，他也會教導他們。

這樣的生活似乎不會有太多變化，於是我把她帶到她生命的最後一天，看看她最後怎麼了。

貝：我剛剛已經……我現在永遠休息了。我已經不能動了。
朵：這是你死時的情形？（對。）你就算吃東西，也無法維持生命了？
貝：就是累壞了。這一生走動了那麼久，筋疲力盡了。

我移動她到她離開身體，來到靈界的時候。「你能看到你的身體嗎？」

貝：可以。它就是漸漸消失了。分解了，我想。
朵：你認為你從那一世學到了什麼？
貝：平衡的重要性。不要拿取超過你能使用的東西。（意即用多少拿多少）

這是重要的一課，而且適用於我們現在的時代，因為我們正在耗盡地球的自然資源卻沒有替代品或補充。希望在我們意識到這樣並非最好的生活方式之前，不會遭遇跟那個星球相同的命運。

我在催眠快結束時，召喚貝蒂的潛意識，問它為什麼要選擇這個奇怪的一世給她看。我知道我們無法確定這個星球的位置。

貝：因為她在這世需要學習平衡。她現在需要重新學習在那世學到的一些課題。

朵：沒錯，那一世顯然很破壞平衡，不是嗎？

貝：是的，但對她來說是重要的課題。

朵：在那一世，她的團體生存下來了。

貝：對，因為他們有個懂得平衡的領導者。

朵：他們能夠靠樹皮存活，這很有意思。

貝：那是他們的食物。

朵：那一世也讓我們知道，當一個星球失去平衡會是什麼情形。

貝：是的。但現在這時候的她失去平衡了。她需要學習用更好的方式來平衡她生活中的各個領域。她是個老師，但她沒有在教導。她應該要教的。她是個療癒者。她需要教導別人有關療癒的事。她在過去（其他世）有過不好的經驗。她需要放下，讓那些事過去。她曾因相信療癒而被殺害。她曾被折磨。她需要忘記那些事。她需要意識到這是嶄新的一生。這是為什麼她需要取得平衡。她需要平衡已經發生在過去和現在正發生的事，並且知道現在有老師存在的需要與空間。她在這一世不會被折磨或殺害。這是一個情況已經改變的時代，而她需要去教導。她需要透過學習平衡來療癒他人。她需要教導平衡。

我認為潛意識給我們看這樣的一世也是在隱喻我們的世界現在正面臨的處境。它是在告誡我們，提出歷史重演的警示。這件事發生在另一個星球無關緊要，重要的是這個催眠內容所傳達的意義：如果我們不學會尊重我們的環境並保護我們的星球，我們的地球家園，那麼我們可能會步向跟那個星球同樣的方向。

園丁後記

想過《迴旋宇宙3》上集結束在這裡，會不會少了些？但一再讀了整個內容，覺得雖只五章，但涵蓋的主題還是挺豐富，裡面一些觸及的概念，讀者若參閱前面幾本《迴旋宇宙》，相信會有另番體會；或更深刻或更廣泛。

這些年來，氣候變遷引發的乾旱、水災、風災和火災，幾乎沒有國家可以倖免。溫室效應的加速和加劇已超乎科學家先前的預測。人類如螻蟻般，當大自然決意釋放淚水，決意要大聲嘆息，一吐怨氣，人類毫無招架能力，只能承受自作的惡果。但彷佛各地的天災還不夠折磨地球住民似的，長久來就有的宗教和種族衝突、唯我獨尊的霸權主義，持續引發人禍。原可避免的戰爭硬是被挑起，原該結束的戰爭硬是被延續，原該有的對話溝通，硬是被意識型態阻隔。

人們（尤其掌有權力的各國政府）實在應該好好反思，到底對這個地球做了什麼，讓她被傷害到無以復加，必須用如此令人難過的反撲方式向人類吶喊：這個世界出了問題。

地球是有生命，有意識的。我們滋養大地，她必會滋養我們。我們若為私利蹂躪大地，到了一個極限，她也不會沈默。

其實，人類不是不知道該如何保護地球，不是不知道該如何維護生態，不是不知道該如何互助。政策決定者選擇了要獲取自己和少數人的利益，於是地球和多數人成了犧牲品。各個政府裡極少數人的糟糕決定，受害和受苦的，永遠是多數的平民百姓。這是殘酷的事實。

人類的貪婪、雙重標準和霸主心態，在這幾年越是明顯和醜陋。政客和既得利益團體似乎有著溫室效應等下一代再處理的心理，為了金錢，政策短視近利，可以不顧環境永續地破壞大地與大氣。人類對居住的地球如此，又是如何對待彼此？我說的是國家和個人層面。國家與國家之間。人與人之間（包括各種角色和關係）。還有各個政府是如何對待自己的人民。

看看這個世界在此刻的亂象，反映的無非是集體意識的混亂與失衡。這一代人類真的要選擇傷害彼此和地球來走完這一世嗎？

人類需要善的循環。

這個星球該被珍惜。每一個人都該被珍惜。身在地球動盪時期，每個平安、平靜的時日，都該被份外珍惜。

本書作者朵洛莉絲·侃南已於二〇一四年十月，完成她這次精彩的地球之旅，回到了光的世界。她以旺盛的好奇心、堅持不懈的探索精神、無私的動機、誠實、正直和愛，帶給大家她多本著作裡珍貴無比的訊息和教導。

希望喜愛她的讀者們，還有在華人世界操作她的催眠療法的人，不分地域，都能努力實踐她的書裡所傳遞的訊息；知道獲取物質名利並非來地球的目的，並在生活中有意識地做出良善利他的選擇。讓這個世界多些愛，多些誠實，多些同理心，多些光。

讓你靈魂的光閃耀。這是《迴旋宇宙》系列所被賦予的意念和祝福。

園丁

免責聲明

本書作者不提供醫療建議，也不指定使用任何技巧來醫治身體或處理醫學上的問題。書內所有的醫療資訊，皆取材自朵洛莉絲・侃南對個案的個別諮商和催眠療程，非作爲任何類型的醫療診斷之用，也非取代醫師的醫療建議或治療。因此，作者和出版者對於個人如何詮釋這些資訊或對書內資訊的使用並不承擔任何責任。

書中這些催眠個案的身分與隱私已受到最大保護。催眠進行的地點與事實相符，但書裡僅提及個案的名字，不透露姓氏，而名字也已經過更改。

宇宙花園　先驅意識18

迴旋宇宙3〔上〕——生命形態的多樣性

The Convoluted Universe-Book Three

作者：朵洛莉絲．侃南（Dolores Cannon）

譯者：法藍西斯、梅希爾

出版：宇宙花園有限公司

通訊地址：北市安和路1段11號4樓

編輯：Stephan　內頁版型：黃雅藍

網址：www.cosmicgarden.com.tw

e-mail：service@cosmicgarden.com.tw

總經銷：聯合發行股份有限公司　電話：(02)2917-8022

印刷：鴻霖印刷傳媒股份有限公司

初版一刷：2023年10月　定價：NT$ 320元

ISBN：978-986-06742-4-8

The Convoluted Universe--Book Three

國家圖書館出版品預行編目資料

迴旋宇宙3〔上〕——生命形態的多樣性

朵洛莉絲．侃南(Dolores Cannon)著；

法藍西斯、梅希爾譯 -- 初版. -- 臺北市：

宇宙花園, 2023. 10　面；公分一(先驅意識；18)

譯自：The Convoluted Universe－Book Three

ISBN：978-986-06742-4-8(平裝)

1. CTS：輪迴　2. CTS：催眠術

216.9　　112017435